Imke Stotz · Stephan Rürup
Sagt Ulf zu Gnulf …
Die 500 besten Kinderwitze

© Bert Schacht

Imke Stotz und *Stephan Rürup* studierten an der Fachhochschule Münster Visuelle Kommunikation. Sie sind für verschiedene Verlage tätig, seit 2000 ist Stephan Rürup zudem Redakteur und Zeichner des Satiremagazins ›Titanic‹. Sie leben mit ihren zwei Töchtern in Frankfurt und Münster.
444 weitere Kinderwitze von den beiden in ›Sagt Supermäh zu Spidermäh‹.

Imke Stotz

Sagt Ulf zu Gnulf ...

Die 500 besten Kinderwitze

Mit Cartoons von Stephan Rürup

Deutscher Taschenbuch Verlag

Das gesamte lieferbare Programm von dtv junior
und viele andere Informationen finden sich unter
www.dtvjunior.de

Originalausgabe
4. Auflage 2014
© 2011 Deutscher Taschenbuch Verlag GmbH & Co. KG,
München
© für die Cartoons: Stephan Rürup
Umschlagkonzept: Balk & Brumshagen
Umschlagbild: Stephan Rürup
Lektorat: Maria Rutenfranz
Gesetzt aus der Arial 11/14
Gesamtherstellung: Druckerei C. H. Beck, Nördlingen
Printed in Germany · 978-3-423-71466-2

Inhalt

Da bellen ja die Igel	7
Ungeheuer komisch	35
Kichererbsen-Suppe	63
Vorsicht, Familie!	93
Witz-Olympiade	125
Lach- und Quatschkunde	145

Da bellen ja die Igel

Haarscharf zischt eine Fliege am Spinnennetz vorbei.
»Warte nur, morgen erwische ich dich!«, höhnt die Spinne.
»Denkste!«, grinst die Fliege. »Ich bin eine Eintagsfliege.«

Zwei Wanderer werden plötzlich von einem gewaltigen Bären bedroht. Blitzschnell reißt sich der eine die Wanderstiefel von den Füßen, holt seine Sportschuhe aus dem Rucksack und zieht sie an.
»Was machst du da? Auch mit Sportschuhen bist du nicht schneller als der Bär!«
»Egal, Hauptsache, ich bin schneller als du!«

Zwei Kühe stehen auf der Weide. Die eine schüttelt sich wie verrückt.
»Was tust du da?«, fragt die andere verwundert.
»Ich habe doch heute Geburtstag. Da mach ich schon mal Sahne.«

Am Strand fragt ein neu angekommener Badegast seinen Handtuchnachbarn ängstlich: »Entschuldigen Sie bitte, gibt es hier eigentlich Quallen oder Seeigel?« Der Nachbar winkt ab. »Nein, keine Angst. Die werden alle von den Haien gefressen.«

Wie heißt das Reh mit Vornamen?
Ganz einfach: Kartoffelpü!

Wie fängt man Kaninchen?
Ganz einfach: Man setzt sich hinter einen Busch und macht ein Geräusch wie ein Salat.

Zwei Schlangen treffen sich nach langer Zeit zufällig mal wieder.
»Hey, neuerdings mit Brille unterwegs? Sehr schick. Steht dir wirklich gut«, sagt die eine.
»Ja, nicht wahr? Und stell dir vor«, flüstert die andere, »erst jetzt habe ich gemerkt, dass ich jahrelang mit einem Gartenschlauch befreundet war.«

Ein Känguru muss sich ständig am Bauch kratzen. Entnervt greift es in seinen Beutel und zieht sein Kind hervor.
»Wie oft habe ich dir schon gesagt, dass du im Bett keinen Zwieback essen sollst!«

Warum summen die Bienen?
Weil sie den Text nicht auswendig können.

Ein kleiner Igel verirrt sich im Gewächshaus. Immer wenn er an einen Kaktus stößt, fragt er: »Mami, Mami, bist du das?«

Ein Kamel hat eine tolle Idee und fragt seine Freundin, die Kuh: »Wollen wir nicht eine Milchbar aufmachen? Du gibst die Milch und ich die Hocker.«

Fragt der Hase den Arzt: »Sind Möhren eigentlich gesund?«
Darauf der Arzt: »Ich glaube schon, ich hatte jedenfalls noch nie eine in meiner Praxis.«

Zwei Flöhe kommen gerade aus dem Kino, als es zu regnen beginnt. Sagt der eine: »So ein Mist! Komm, wir nehmen uns einen Hund.«

Zwei Regenwurmdamen treffen sich im Beet.
»Wo ist eigentlich Ihr Mann?«, erkundigt sich die eine.
»Ach«, seufzt die andere, »der ist beim Angeln.«

Mäusemama geht mit ihren Kindern im Mondschein spazieren. Plötzlich fliegt eine Fledermaus über sie hinweg.
»Schau mal, Mama, ein Engel!«

Ein Schaf geht über die Wiese. Plötzlich steht ein Rasenmäher vor ihm.
Verwundert ruft es: »Mäh!«
Darauf der Rasenmäher: »Von dir lass ich mir gar nichts sagen!«

Zwei Schlangen unterhalten sich. Ruft die eine plötzlich: »Du, sind wir eigentlich giftig?«
Die andere antwortet: »Keine Ahnung. Warum willst du das wissen?«
Erwidert die erste: »Ich habe mir gerade auf die Zunge gebissen!«

Mückenkind darf zum ersten Mal an den Strand. Als es abends nach Hause kommt, fragt Mückenmama:
»Na, wie war's denn?«
»Super, alle haben geklatscht!«

Ein kleines Känguru hüpft fröhlich durch den australischen Busch. In seinem Beutel klammert sich ein kleiner schwitzender Pinguin fest. Von dem ganzen Gehopse ist ihm schon ganz schlecht. Genervt brummelt er: »Ich hatte ja von Anfang an meine Zweifel an diesem Schüleraustausch.«

Eine Dogge und ein Dackel treffen sich am Baum. Die Dogge schubst den Dackel zur Seite.
»Mach Platz, ich bin adelig und heiße Dagobert von der Dorschblase!«
Darauf der Dackel entrüstet: »Ich denke gar nicht daran, ich bin auch adelig! Man nennt mich ›Runter vom Sofa‹!«

Zwei Schnecken treffen sich auf einer Wiese. Fragt die eine: »Du Arme. Wo hast du denn das blaue Auge her?«
Die andere erklärt: »Sportunfall. Gestern war ich im Wald joggen, als plötzlich ein Pilz vor mir aus dem Boden schoss.«

Zwei Ameisen schleppen ein Fenster durch die Wüste. Sie schwitzen und ächzen. Schließlich stöhnt die eine: »Ich kann nicht mehr, es ist viel zu heiß.«
Darauf die andere: »Dann mach doch mal das Fenster auf!«

Eine Fliege sitzt auf einem Hundehaufen. Da landet eine andere neben ihr und fragt: »Soll ich dir einen Witz erzählen?«
Die erste antwortet: »Gerne, aber bitte nichts Ekliges, ich esse gerade.«

Zwei Fliegen krabbeln auf einem Globus herum. Als sie sich zum dritten Mal treffen, lacht die eine: »Wie klein die Welt doch ist!«

Ein hungriger Tiger begegnet einem Ritter in voller Rüstung.
»So ein Pech, schon wieder Dosenfutter!«

Warum sind die sibirischen Windhunde so schnell?
Weil in Sibirien die Bäume so weit auseinanderstehen.

Steht ein Hase vor einem Schneemann und sagt:
»Möhre her oder ich föhn dich!«

Das Kamelkind fragt seinen Vater: »Du, Papi, warum haben wir eigentlich zwei Höcker auf dem Rücken?«
»Darin speichern wir Nahrung, wenn wir durch die Wüste ziehen.«
»Und warum haben wir so lange Wimpern?«
»Damit uns der Wind den Sand nicht in die Augen blasen kann, wenn wir durch die Wüste ziehen.«
»Und warum haben wir so komische Füße?«
»Damit wir nicht im Sand einsinken, wenn wir durch die Wüste ziehen.«
Darauf das Kamelkind: »Und was machen wir dann im Zoo?«

Ein Vogelpaar sitzt im Baum und sieht zu, wie eine Schildkröte einen Baum hochkriecht, runterspringt und versucht zu fliegen. Leider völlig erfolglos.
Beim zehnten Mal sagt die Vogelfrau zu ihrem Mann:
»Du, ich glaube, wir sollten ihr doch sagen, dass sie adoptiert ist.«

»Hast du schon mal gesehen, wie ein Kälbchen geboren wird?«, fragt Bauer Zwiebelmett Klein-Daisy.
»Nein, wie denn?«
»Zuerst kommen die Vorderbeine, dann der Kopf, dann die Schultern und der Körper, und zum Schluss die Hinterbeine.«
»Toll, und wer bastelt das dann alles wieder zusammen?«

Sagt der Walfisch zum Thunfisch: »Was soll ich tun, Fisch?«
Sagt der Thunfisch zum Walfisch: »Du hast die Wahl, Fisch.«

Zwei Mäuse sitzen vor einer Käseglocke.
»Schau mal«, sagt die eine, »ein Käse in der Falle.«

Warum soll man Fischen keine Wasserflöhe geben?
Weil sie sich nicht kratzen können.

Welches Tier kommt mit der wenigsten Nahrung aus?
Die Motte. Sie frisst Löcher.

Was ist das? Saust in der Luft herum und macht:
»Mus-mus-mus«.
Eine Fliege im Rückwärtsgang.

»Bauer Zwiebelmett …?«
»Ja, Klein-Daisy?«
»Rauchen deine Kühe?«
»Nein, warum?«
»Dann brennt dein Stall!«

Großes Geschrei im Dschungel. Ein junger Tiger jagt einen Touristen vor sich her. Wütend stoppt ihn die Tigermutter und faucht: »Wie oft habe ich dir schon gesagt, man spielt nicht mit seinem Essen!«

Treffen sich zwei Vögel auf einem Ast. Kichert der eine: »Du siehst aber lustig aus. Bist du ein Kakadu?«
Antwortet der andere: »Für Sie immer noch Kakasie!«

Fragt ein Tiger den anderen: »Warum sind wir groß, wild und gestreift?«
»Wären wir klein, wild und gestreift, wären wir ja Wespen!«, antwortet der andere.

Bauer Zwiebelmett fährt den ganzen Morgen mit einer Dampfwalze über sein Kartoffelfeld.
Fragt Klein-Daisy: »Du, Bauer Zwiebelmett, warum machst du denn die Kartoffeln kaputt?«
»Ich mache sie nicht kaputt«, antwortet der Bauer, »ich züchte Kartoffelbrei!«

Was ist grün und hängt an Bäumen?
Giraffenschnodder!

Was hat vier Beine und einen Arm?
Ein Tiger!

Wie heißt das einzige Tier, vor dem der Löwe Angst hat?
Löwin!

Was ist unsichtbar und riecht nach Möhrchen?
Ein Kaninchenpups!

»Klein-Daisy!«, schreit Bauer Zwiebelmett, »bist du verrückt geworden? Wieso hast du alle unsere Kartoffeln in der Mitte durchgeschnitten?«
»Aber du hast doch gesagt, die eine Hälfte der Kartoffeln verkaufen wir und die andere kellern wir ein.«

Spazieren zwei Eisbären durch die Wüste.
Sagt der eine: »Verflixte Robbe, muss das hier glatt sein!«
»Wieso das denn?«
»Na ja, so wie die hier gestreut haben.«

Zwei Katzen sitzen vor einem Vogelkäfig.
»Lecker, Kanarienvogel!«, freut sich die eine.
»Das ist doch kein Kanarienvogel, der ist doch grün und Kanarienvögel sind gelb!«
Darauf die erste Katze: »Klare Sache, der ist noch nicht reif!«

Bauer Zwiebelmett hat sich einen kleinen schnellen Flitzer gekauft. Er ist so glücklich, dass er ihn jeden Samstag mit dem Gartenschlauch abspritzt.
Nach sechs Wochen sagt Klein-Daisy: »Du, Bauer Zwiebelmett, ich glaube, das bringt nichts. Der wächst nicht mehr.«

Auf der Polizeiwache schrillt das Telefon.
»Hilfe, kommen Sie sofort, es geht um Leben und Tod! Ich werde von einer Katze bedroht!«
»Von einer Katze? Das ist doch nicht so schlimm. Wer spricht denn da überhaupt?«
»Der Papagei!«

Wie bekommt man einen Elefanten in drei Schritten in einen Kühlschrank?
Tür auf, Elefant rein, Tür zu.
Wie bekommt man eine Giraffe in vier Schritten in einen Kühlschrank?
Tür auf, Elefant raus, Giraffe rein, Tür zu.
Der König der Tiere, der Löwe, hat Geburtstag. Er macht eine Riesenparty.
Alle Tiere kommen. Nur eins nicht. Welches?
Natürlich die Giraffe! Die sitzt immer noch im Kühlschrank!

Ein Mann fährt mit seinem Laster an eine Tankstelle. Auf seiner Ladefläche tummeln sich hundert Pinguine.
»Warum haben Sie denn hundert Pinguine?«, fragt der Tankwart.
»Die habe ich von meiner Oma geerbt und jetzt weiß ich nicht, was ich mit ihnen machen soll.«
»Fahren Sie doch mit ihnen in den Zoo.«
»Gute Idee«, sagt der Mann und fährt glücklich los.
Am nächsten Tag kommt der Mann wieder zu der Tankstelle. Auf der Ladefläche seines Lastwagens wieder die hundert Pinguine. Diesmal haben sie Sonnenbrillen auf.
»Ich dachte, Sie hätten die Pinguine in den Zoo gebracht!«, ruft der Tankwart erstaunt.
»Ja, das war schön! Heute fahren wir zur Abwechslung mal zum Strand!«

Zwei Frösche sitzen am Teich. Plötzlich beginnt es zu regnen.
Quakt der eine zum anderen: »Komm, schnell ins Wasser, sonst werden wir noch nass!«

»Klein-Daisy, schau dir mal meine beiden Pferde an. Seit drei Jahren habe ich die nun schon im Stall, aber sie sehen sich so ähnlich, dass ich sie immer noch nicht unterscheiden kann«, stöhnt Bauer Zwiebelmett.
Klein-Daisy betrachtet die Pferde eingehend.
Schließlich sagt sie: »Ich glaube, der Schweif von dem braunen ist ein klitzekleines bisschen länger als der von dem weißen.«

Im Schuhgeschäft:
»Ich hätte gerne ein Paar Krokodilschuhe.«
»Natürlich, werte Dame. Welche Größe hat denn Ihr Krokodil?«

Das Känguru-Kind fragt seine Mutter: »Mama, darf das Glühwürmchen noch mit reinkommen? Ich möchte noch ein bisschen lesen!«

Empört betritt ein Mann die Tierhandlung.
»Der Hamster, den Sie mir gestern verkauft haben, ist heute Nacht gestorben.«
»Na so was, das hat er bei mir nie gemacht!«, erwidert der Zoohändler.

Zwei Hennen stehen vor einem Schaufenster und betrachten Eierbecher.
Gackert die eine: »Schau mal, Henriette, was für schnuckelige Kinderbettchen!«

Was sagt eine Schnecke, die auf einer Schildkröte sitzt?
»Huiiii, geht das flott voran …!«

»Warum heißt der Wiedehopf eigentlich Wiedehopf?«, fragt Kevin.
»Ist doch klar, er sieht aus wie ein Wiedehopf, hat einen Schopf wie ein Wiedehopf und frisst Würmer wie ein Wiedehopf. Warum sollte er da nicht Wiedehopf heißen?«, antwortet Lars.

Wie kommt eine Ameise über einen Fluss?
Ganz einfach: Sie nimmt das A weg und fliegt hinüber!

Wo schlafen die Fische?
In Schuppen!

Wie schreibt man Mausefalle mit fünf Buchstaben?
K A T Z E!

Verzweifelt kniet der Dompteur mit dem erloschenen Feuerring vor dem Löwen und schimpft: »Ooooh nein! Kannst du dir das nicht endlich merken? Du sollst springen, nicht pusten!«

Eine Schlange liegt im Dschungel und windet sich vor Bauchschmerzen. Sie jammert: »Oje, hätte ich den Mann doch bloß ohne sein Fahrrad gefressen!«

Zwei Fischdamen sitzen auf einer Koralle bei ihrer Morgentoilette. Fragt die eine: »Würdest du mir bitte mal deinen Kamm leihen?«
Darauf die andere: »Bist du verrückt, bei deinen vielen Schuppen!«

Wer lebt am Nordpol und springt von einer Eisscholle zur nächsten?
Der Springuin!

Dinobaby: »Mama, wo komme ich hin, wenn ich tot bin? In den Himmel oder in die Hölle?«
Dinomama: »Weder noch, Schatz. Du kommst ins Museum!«

Zwei Bären sitzen vor ihrer Höhle und sehen zu, wie das Laub von den Bäumen fällt.
Sagt der eine Bär: »Irgendwann lasse ich mal den Winterschlaf sausen und sehe mir die Typen an, die die ganzen Blätter wieder ankleben.«

Klein-Daisy hat eine Frage: »Bauer Zwiebelmett, warum legen Hühner eigentlich Eier?«
»Du stellst Fragen! Wenn sie sie werfen würden, gingen sie doch kaputt!«

Treffen sich zwei Pferde. Das eine ist dick, das andere dünn.
Sagt das dicke Pferd: »Wie siehst du denn aus? Man könnte meinen, es ist eine Hungersnot ausgebrochen!«
Darauf das dünne: »Und wenn man dich anschaut, könnte man meinen, du wärst schuld daran!«

Stehen zwei Ziegen auf der Wiese.
Sagt die eine: »Du, gehen wir tanzen?«
Meckert die andere: »Neee, ich hab keinen Bock!«

Warum hassen Känguru-Mütter Regenwetter?
Weil die Kinder dann drinnen spielen.

Welche Tiere können höher springen als ein Wolkenkratzer?
Fast alle Tiere können das. Oder hast du schon mal einen springenden Wolkenkratzer gesehen?

Bauer Zwiebelmett schickt Klein-Daisy in den Hof zum Schneeräumen. Als er nach einer Weile mal nach ihr schaut, ruft er entsetzt: »Mensch, Klein-Daisy, du kannst den Schnee doch nicht vor das Scheunentor schieben! Dann kommen wir im Sommer doch mit dem Heuwagen nicht hinein!«

Kommt ein Kamel in eine Bar und bestellt sich eine Fanta.
»Das ist aber sehr ungewöhnlich«, wundert sich ein Gast.
»Das stimmt«, antwortet der Barkeeper, »sonst bestellt es immer Kakao!«

Fragt eine Eintagsfliege eine andere: »Willst du mich heiraten und den Rest des Tages mit mir verbringen?«

Herr Protz sagt stolz zu seiner Nachbarin: »Mein Hund kann mich schon auf fünfzig Meter erschnüffeln.«
»Dann würde ich mich an Ihrer Stelle mal ganz flott duschen!«

Bauer Zwiebelmett geht mit Klein-Daisy ins Tierheim.
»Könnte ich für Klein-Daisy einen Hund bekommen?«
»Tut mir leid, wir tauschen nicht!«

Treffen sich ein Sägefisch und ein Hammerhai.
Fragt der Hammerhai: »Und, bist du mit deinem Werkzeug zufrieden?«
Stöhnt der Sägefisch: »Was nützt das schönste Sägeblatt, wenn das Wasser keine Balken hat!«

Wo wohnen Katzen?
Im Miezhaus!

Warum fliegen manche Vögel in den Süden?
Weil es zu Fuß viel zu weit wäre!

Was ist, wenn ein Nashorn auf einen Baum klettert?
Dann sitzt ein Nashorn auf einem Baum.
Was ist, wenn zwei Nashörner auf einen Baum klettern?
Dann sind zwei Nashörner weniger auf der Erde.
Was ist, wenn drei Nashörner auf einen Baum klettern?
Dann bricht der Ast ab!

Was ist bei einem Kamel kleiner als bei einer Maus?
Das »m«!

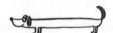

Ein Vogel beobachtet eine Schnecke, wie sie versucht,
einen schneebedeckten Baum hinaufzukriechen.
»Was willst du denn da oben?«, fragt er.
»Äpfel essen!«
»Aber es hängen doch gar keine Äpfel am Baum!«,
wundert sich der Vogel.
»Bis ich oben bin, schon!«

Fragt eine Schnecke die andere: »Warum isst du denn einen verfaulten Apfel?«
Darauf die andere: »Als ich angefangen habe, war er noch gut!«

Ein Mann geht in eine Tierhandlung.
»Ich möchte bitte einen Eisbären«, sagt er zum Tierhändler.
»Oh, da haben Sie aber Glück, zufällig habe ich hier einen ganz zahmen und kuscheligen. Sie dürfen ihn nur NIEMALS an die Nase fassen!«
Zu Hause ist dann auch alles ganz prima, bis der Mann eines Tages denkt: ›Ich halte es nicht mehr aus! Ich muss ihn jetzt an die Nase fassen!‹
Er tut es und sofort springt der Eisbär mit Gebrüll auf ihn los. Der Mann rennt weg, Treppe rauf, Treppe runter, um den Tisch herum, über das Sofa, der Eisbär immer dicht hinter ihm. Schließlich ist der Mann völlig erschöpft, der Eisbär erreicht ihn, haut ihm von hinten mit seiner Pranke auf die Schulter und sagt: »Du bist's!«

Ungeheuer komisch

Dummtroll will seine irren Monsterfreunde besuchen.
Er klingelt.
Ulf von drinnen: »Bei uns ist keiner zu Hause!«
Dummtroll von draußen: »Na, dann ist es ja gut, dass ich nicht extra gekommen bin!«

Die zwei irren Monster Ulf und Gnulf machen Ferien am Meer.
»Du, Ulf, wie wird wohl so ein Fischernetz gemacht?«, fragt Gnulf.
»Ist doch ganz einfach«, antwortet Ulf. »Man nimmt ganz viele Löcher und knotet sie mit einer Schnur zusammen!«

Fragt Ulf: »Du, Gnulf, warum krempelst du dir deine Hose hoch, die ist doch sowieso zu kurz?«
Darauf Gnulf: »Du stellst immer Fragen! Wenn ich sie hochkremple, merkt keiner, dass sie zu kurz ist!«

Ulf und Gnulf sitzen am Tisch und spielen mit Streichhölzern.
Sagt Ulf zu Gnulf: »Das ist ja ein Ding, das Streichholz tut's nicht!«
Sagt Gnulf verwundert: »Komisch, vorhin hat es noch funktioniert!«

Die zwei irren Monster Ulf und Gnulf haben eine Kamera gefunden.
Sagt Ulf fröhlich: »Du, Gnulf, machst du von mir ein Gruppenfoto?«
Darauf Gnulf: »Na klar! Dann stell dich mal im Halbkreis auf!«

Sagt Ulf zu Gnulf: »Mit unseren Kerzen stimmt was nicht! Die werden immer kleiner!«
Sagt Gnulf: »Wirklich eigenartig. Wo auf der Packung doch ›Wachskerzen‹ steht!«

Die zwei irren Monster Ulf und Gnulf sitzen gemütlich auf einer Parkbank.
Nach einer Weile seufzt Ulf: »Ah, wie schön frisch die Luft heute Morgen ist.«
Gnulf: »Kein Wunder, sie war ja auch die ganze Zeit draußen!«

Ulf bekommt zum Geburtstag eine Schildkröte geschenkt. Er schaut sie sich von allen Seiten an. Dann sagt er ratlos: »Gnulf, ich möchte das Tier gerne streicheln, kannst du mal den Deckel abnehmen?«

Käpt'n Kraterbacke und seine gefürchtete Mannschaft fahren mal wieder an der einsamen Insel vorbei. Ein Mann mit völlig zerfetzter Kleidung hüpft am Strand herum und winkt wie wild mit den Armen.
»Was ist denn mit dem los?«, fragt ein neuer Pirat den Käpt'n.
»Keine Ahnung, aber der freut sich immer so, wenn wir hier vorbeikommen.«

Käpt'n Kraterbacke meckert mit dem Mann im Ausguck: »Hör endlich auf ›Land in Sicht‹ zu brüllen – zumindest solange wir noch im Hafen liegen!«

Käpt'n Kraterbacke sieht mit seiner Hakenhand und der Augenklappe zum Fürchten aus.
Neugierig fragt sein neuer Schiffsjunge: »Sagt mal, Käpt'n, wie ist das eigentlich mit Eurer Hand passiert?«
Kraterbacke lacht und antwortet: »Ich habe versucht, eine Kanonenkugel mit der Hand aufzufangen!«
»Und wie habt Ihr Euer Auge verloren?«
»Da ist mir eine Fliege reingeflogen. Hat gejuckt wie Teufel!«
»Dadurch verliert man aber doch kein Auge!«, sagt der Junge erstaunt.
»Nun ja, ich hatte den Haken noch nicht so lange …«

Käpt'n Kraterbacke will neue Piraten anheuern.
»Nur Nichtschwimmer, Glatzen-Hein!«, befiehlt er seinem Steuermann, der dafür zuständig ist.
»Wieso das denn?«, fragt Glatzen-Hein verwundert.
»Ist doch logisch! Was glaubst du wohl, wie die im Ernstfall das Schiff verteidigen!«

Ein Arzt nimmt am Abend die Abkürzung über den Friedhof.
Plötzlich ertönt eine Stimme hinter ihm: »Herr Doktor, haben Sie vielleicht ein Mittel gegen Würmer?«

Was sind Mumien?
Eingemachte Ägypter.

Das irre Monster Ulf macht sich Gedanken.
»Du, Gnulf, wenn die Luft in der Stadt so stinkig ist und die Luft auf dem Land so frisch, wie alle immer sagen, warum baut man die Städte nicht einfach auf dem Land?«

Die zwei irren Monster Ulf und Gnulf gehen schlafen.
Ulf: »Deine Füße gucken ja unter der Bettdecke raus.«
Gnulf: »Ich weiß.«
Ulf: »Sind die denn nicht kalt?«
Gnulf: »Doofe Frage! Natürlich.«
Ulf: »Warum steckst du sie dann nicht unter die Bettdecke?«
Gnulf: »Ich will die kalten Dinger doch nicht in meinem warmen Bett haben.«

Das irre Monster Ulf erzählt seinen Monsterkumpels ganz stolz von seiner neuesten Errungenschaft: »Ich habe mir ein Zahlenschloss für mein Fahrrad gekauft. Die Zahl, die man zum Öffnen einstellen muss, besteht aus lauter Nullen, aber die Reihenfolge der Zahlen weiß nur ich. Toll, was?«

Dummtroll ist im Baumarkt zum Einkaufen.
Zuerst packt er sich zwanzig Glühbirnen in den Einkaufswagen.
»So, jetzt brauche ich nur noch einen Ausschalter«, murmelt er und schiebt seinen Wagen weiter zum Regal mit den Hämmern.

Ulf und Gnulf gehen spazieren.
Ulf: »Gnulf, jetzt lass mich auch mal in die Mitte!«

Die zwei irren Monster Ulf und Gnulf sitzen gelangweilt vor ihrer Waschmaschine.
Sagt Ulf: »Du, Gnulf, sollen wir mal auf ein anderes Programm umschalten? Hier läuft doch immer dasselbe.«

Sagt der Fakir zum Verkäufer: »Bitte 4000 Nägel, meine Frau will die Betten neu beziehen.«

Ulf und Gnulf sitzen im Kino.
Gnulf: »Siehst du gut?«
Ulf: » Ja, sehr gut.«
Gnulf: »Und dein Sitz, ist er bequem?«
Ulf: »Ja, sehr bequem.«
Gnulf: »Es zieht dir auch nicht?«
Ulf: »Nein, alles wunderbar.«
Gnulf: »Dann lass uns mal die Plätze tauschen.«

Wie nennt ein Kannibale einen Skater?
Rollbraten!

Wie nennen Kannibalen einen Rennfahrer?
Na, wie wohl? Fast Food!

Der Bischof telefoniert mit dem Kannibalenhäuptling.
»Was fällt Ihnen ein, unseren Missionar zu verspeisen?«,
fragt er aufgebracht.
»Nun mal ganz ruhig, Sie haben doch beim letzten
Mal gesagt, wir sollten uns eine Scheibe von ihm
abschneiden.«

Ein Kannibale hat eine Kreuzfahrt gewonnen. Am
Abend setzt er sich ins schicke Bordrestaurant. Als der
Kellner mit der Speisekarte kommt, winkt er ab.
»Bringen Sie mir lieber die Passagierliste.«

Der Kannibalenhäuptling beschwert sich.
»Das schmeckt aber streng. Was ist das?«
Darauf die Köchin: »Lehrereintopf.«

Treffen sich zwei Kannibalen. Der eine trägt ein Gerippe unter dem Arm.
Fragt der andere erstaunt: »Wo willst du denn mit dem Skelett hin?«
»Ich gehe in den Supermarkt – das Leergut zurückbringen.«

»Oh, mir ist so schrecklich schlecht!«, stöhnt der Kannibale.
»Warum?«, fragt seine Frau.
»Der Fahrstuhlführer kommt mir immer wieder hoch!«

Was musst du tun, wenn du einem Monster die Hand geschüttelt hast?
Deine Finger zählen!

Was ruft ein Vampir, wenn er durch die Wüste kriecht?
»Blut! Blut!«

Wo verbringen Skelette ihre Ferien?
Natürlich am Toten Meer!

»Mama«, knöttert das Skelettkind, »ich will nicht mehr mit Opa spielen!«
»Dann räum die Knochen wieder in den Schrank.«

»Ich würde das Schloss sehr gerne kaufen, aber ich habe gehört, es soll hier spuken?«, fragt der amerikanische Millionär zögernd den Schlossherrn.
»So ein Unsinn«, erwidert der. »Ich habe hier noch nie ein Gespenst gesehen und ich wohne schließlich seit 300 Jahren hier.«

Ein Skelett klappert durch die Stadt. Plötzlich kommt ein Leichenwagen vorbei.
Das Skelett hebt die Hand und ruft: »Hallo, Taxi!«

Zwei Skelette wollen in die Disco.
Sagt das eine: »Mist! Ich muss noch mal zurück, ich habe was vergessen!«
Nach einer Weile kommt es ächzend wieder, seinen Grabstein hinter sich herziehend.
»Was soll das denn?«, fragt sein Freund erstaunt.
»Falls die nach meinem Ausweis fragen.«

Zwei Jungs gehen von einer Halloween-Party nach Hause. Da sie in so schön gruseliger Stimmung sind, beschließen sie, die Abkürzung über den Friedhof zu nehmen. Zwischen den Gräbern hören sie plötzlich ein unheimliches Geräusch: Tock! Tock! Tock!
Zitternd vor Furcht sehen sie sich um: Ein alter Mann werkelt mit Hammer und Meißel an einem Grabstein herum.
Erleichtert sagt einer der Jungen: »Mensch, Sie haben uns aber erschreckt. Wir dachten schon, Sie wären ein Geist! Was machen Sie denn hier mitten in der Nacht?«
Der Alte murmelt: »Diese Idioten haben meinen Namen falsch geschrieben!«

Eines Tages kommt Draci, Draculas Söhnchen, heulend von der Schule nach Hause.
»Ich muss 100-mal schreiben: ›Ich darf nicht kratzen‹!«
»Das geschieht dir recht«, schimpft Dracula, »wie oft habe ich dir schon gesagt, dass du beißen sollst!«

Was sagt der Polizist zu dem dreiköpfigen Monster?
»Du bist verhaftet! Du bist verhaftet! Du bist verhaftet!«

Treffen sich zwei Hellseher.
Sagt der eine: »Dir geht's gut und wie geht's mir?«

Dummtroll fährt in den Urlaub. In seinem Hotelzimmer hängt ein Spiegel. Er packt ihn und schickt ihn seinen Eltern mit einem Brief, in dem steht: »Schaut nur, wie nett die Leute hier sind! Die haben sogar ein Bild von mir aufgehängt!«

Ulf fragt Gnulf verwundert: »Warum stehst du denn mit dem Regenschirm unter der Dusche?«
»Du stellst vielleicht doofe Fragen! Damit ich nicht nass werde, natürlich!«
»Aber warum willst du denn nicht nass werden?«
»Weil ich mein Handtuch vergessen habe!«

Das irre Monster Ulf beobachtet schon seit drei Stunden den Dummtroll, wie der schweißgebadet einen immer wiederkehrenden Bumerang wegschleudert.
»Übt der?«, fragt Ulf den Dummtrollvater.
»Nee«, antwortet Dummtrollvater, »ich habe ihm gestern einen neuen Bumerang geschenkt. Seitdem will er den alten wegwerfen und schafft es nicht!«

Gnulf geht mit einer Gießkanne auf seinem Balkon auf und ab.
»Was machst du denn da?«, fragt Ulf.
»Das siehst du doch! Ich gieße unsere Blumen.«
»Aber die sind doch aus Plastik!«
»Deshalb ist ja auch kein Wasser in der Kanne!«

Dummtroll rennt in den Schreibwarenladen.
»Geben Sie mir alles Löschpapier, das Sie haben!«,
ruft er.
»Wieso so viel?«
»Bei mir brennt es!«

Treffen sich zwei Hellseher.
Fragt der eine: »Kommst du mit?«
»Nein«, erwidert der andere, »da war ich schon!«

Dummtroll im Modehaus. Entrüstet wendet er sich mit
einer Hose an einen Verkäufer: »Wissen Sie eigentlich,
dass Ihre Sachen Löcher haben?«
»Das ist schon in Ordnung so«, erwidert der Verkäufer,
»da müssen Sie die Beine durchstecken.«

Treffen sich zwei Unsichtbare.
Sagt der eine: »Lange nicht gesehen!«

Die zwei irren Monster Ulf und Gnulf unterhalten sich.
»Du, Ulf«, sagt Gnulf, »ich werde immer von meinem eigenen Schnarchen wach.«
»Dann leg dich doch einfach in ein anders Zimmer!«

Die Brüder Knick und Knack wollen aus dem Irrenhaus ausbrechen.
Sagt Knick: »Also, Knack, heute Nacht treffen wir uns hier in meinem Zimmer.«
»O. k., Knick, aber was machen wir dann?«
»Ganz einfach, dann nehme ich meine Taschenlampe und leuchte mit ihr aus dem Fenster nach draußen und du kletterst an ihrem Strahl nach unten.«
Knack überlegt kurz und sagt dann: »Nee, so doof bin ich nicht. Wenn ich fast unten bin, schaltest du die Taschenlampe aus und ich falle herunter!«

Ein Mann strampelt wie verrückt im Wasser und schreit: »Hilfe, Hilfe, ich kann nicht schwimmen!«
Dummtroll kommt des Weges und schimpft: »Na und? Ich kann auch nicht schwimmen, aber schrei ich deshalb so rum?«

Was machst du mit grünen Monstern?
Warten, bis sie reif sind!

Ulf und Gnulf wollen mit ihrem Boot raus zum Angeln.
Sagt Ulf: »Du, Gnulf, es sind bestimmt hundert Löcher im Boot.«
»Na und? Die sieht doch keiner, die sind doch alle unter Wasser!«

Ulf und Gnulf lesen Zeitung.
Sagt Ulf: »Hör mal, hier steht: Suche ältere Frau zum Kochen.«
Darauf Gnulf entsetzt: »Unglaublich, was die Menschen alles essen!«

»Nein, nein und noch mal nein! Du kannst jetzt nicht fernsehen!«, sagt der Neandertaler zu seinem Sohn.
»Es ist immer noch nicht erfunden!«

Ulf und Gnulf bekommen Besuch vom Dummtroll.
»Komm doch rein«, sagt Ulf.
»Ich habe aber ganz dreckige Füße«, erwidert Dummtroll.
Gnulf lächelt freundlich und sagt: »Das macht doch nichts, kannst die Schuhe ja anbehalten!«

Dummtroll fällt in den See. Ein Ruderer rettet ihn in letzter Sekunde. Entgeistert fragt er: »Warum sind Sie denn nicht geschwommen?«
»Da auf dem Schild steht doch: ›Schwimmen verboten‹!«, jammert Dummtroll.

Ulf und Gnulf sind zu Bett gegangen. Es ist ganz finster. Plötzlich flammt ein Streichholz auf. Gnulf fährt erschrocken hoch und ruft: »Was soll das?«
Darauf Ulf: »Ich wollte nur mal gucken, ob das Licht aus ist!«

»Jetzt schaust du mir schon vier Stunden beim Angeln zu!«, sagt der Dummtrollvater zu seinem Sohn. »Willst du nicht selber angeln?«
»Auf gar keinen Fall!«, antwortet der Sohn. »Das ist mir viel zu langweilig!«

Fragt das irre Monster Ulf das irre Monster Gnulf:
»Du, Gnulf, warum lassen wir eigentlich nachts immer das Gartentor auf?«
»Du immer mit deinen dämlichen Fragen! Damit die Blumen frische Luft kriegen natürlich!«

Das Monster mit den drei Haaren geht zum Friseur.
Fragt der Friseur: »Wie hätten Sie es denn gern?«
Sagt das Monster: »Ähm, eins links, eins rechts und
den Rest wild durcheinander!«

Die letzten Worte eines Vampirs: »Schöner Tag heute!«

Die zwei irren Monster Ulf und Gnulf machen eine
Radtour. Plötzlich hält Ulf an und lässt die Luft aus den
Reifen.
»Was soll das denn?«, grunzt Gnulf.
»Doofe Frage! Der Sattel war zu hoch!«

Junge: »Mami, Mami, Rupert sagt immer ›Blöder
Werwolf!‹ zu mir!«
Mami: »Sei still und kämm dein Gesicht!«

Was ist noch ekliger als ein Wurm in einem Apfel?
Ein halber Wurm!

Zwei Yetis treffen sich auf dem Mount Everest.
Sagt der eine: »Du, gestern habe ich Reinhold Messner gesehen!«
Darauf der andere: »Nein! Gibt's den wirklich?«

Ein junger Kannibale geht mit seiner Freundin im Mondschein spazieren.
»Darf ich dir meinen Arm anbieten?«, fragt er.
»Nein, danke, Schatz, ich habe bereits gegessen.«

Die Kannibalen haben einen Sportler gefangen.
Interessiert fragt der Häuptling: »Welche Sportart betreibst du denn?«
»Bodybuilding«, antwortet der Gefangene.
Der Häuptling klatscht in die Hände.
»Oh, toll! Es geht doch nichts über eine schöne Kraftbrühe!«

Ein Mann irrt erschöpft durch die Wüste.
Da entdeckt er ein Fass. Voller Freude schreit er: »Wasser, Wasser!«
Ein Skelett schaut aus dem Fass und fragt: »Wo?«

Warum lieben Kannibalen Badestrände?
Weil die Menschen sich dort alleine grillen!

Sagt Dummtroll zu seinen Freunden Ulf und Gnulf:
»Kommt doch am Mittwoch zu mir, dann graben wir im Garten nach Gold.«
»Und was machen wir, wenn es am Mittwoch regnet?«
»Dann kommt ihr einfach schon am Dienstag!«

Dummtroll ruft seine irren Monsterfreunde Ulf und Gnulf an. Begeistert erzählt er: »Sensation, Sensation! Auf meinem 1000-Teile-Puzzle steht ›4–8 Jahre‹ und ich habe nur zwei gebraucht!«

Sagt Ulf zu Gnulf: »Wenn du errätst, wie viele Bonbons ich habe, dann gebe ich dir beide!«

Ulf steht mit zusammengekniffenen Augen vor dem Spiegel.
»Was machst du denn da?«, wundert sich Gnulf.
»Ich will wissen, wie ich aussehe, wenn ich schlafe.«

Dummtroll kauft jeden Tag drei Packungen Mottenkugeln. Nach einer Woche fragt ihn der Verkäufer: »Ich will ja nicht neugierig sein, aber wofür brauchen Sie denn so viele Mottenkugeln?«
Darauf der Dummtroll: »Tja, wissen Sie, die Viecher sind so schwer zu treffen!«

Dummtroll kommt mit starken Bauchkrämpfen ins Krankenhaus. Der Arzt sagt zu ihm: »Sie haben eine Pilzvergiftung. Seien Sie beim nächsten Mal vorsichtiger und essen nur Pilze, die Sie auch wirklich kennen!«
Darauf der Dummtroll: »Das ist ja das Problem, ich kenne nur den Fliegenpilz!«

Die zwei irren Monster Ulf und Gnulf stehen am Herd.
Fragt der Dummtroll: »Was macht ihr denn da?«
Ulf: »Wir kochen Wasser.«
Dummtroll: »Warum?«
Gnulf: »Wir wollen es einfrieren!«
Dummtroll: »Warum?«
Ulf: »Na, heißes Wasser kann man doch immer mal brauchen!«

Ein grässliches Gerippe steigt in einen Bus und sagt: »Grässliches Gerippe zahlt heute nix!«
»Ja ... äh, O. k.«, antwortet der Busfahrer ängstlich. So geht das eine Woche, dann noch eine Woche, und in der dritten Woche fasst sich der Busfahrer ein Herz und fragt: »Warum zahlt das grässliche Gerippe heute nichts?«
»Grässliches Gerippe hat Monatskarte!«

Dummtroll übernachtet in einem Hotel. In der Nacht wird er durch Rufe »Feuer, Feuer!« geweckt. Gähnend wirft er eine Packung Streichhölzer aus dem Fenster und murmelt: »Sie können auch ruhig etwas netter darum bitten.«

Ulf ist im Bad und schmiert sich Shampoo in sein Monsterfell. Kommt Gnulf rein und fragt: »Ulf, du nimmst ja gar kein Wasser!«
»Brauch ich nicht, auf der Flasche steht doch: ›Für trockenes Haar‹!«

Ulf und Gnulf gönnen sich eine Flugreise. Die Stewardess verteilt Kaugummis.
»Wofür sind die denn?«, fragen Ulf und Gnulf.
»Die sind gut für Ihre Ohren«, antwortet die Stewardess.
Nach der Landung: »Frau Stewardess, können Sie uns sagen, wie wir das Zeug wieder aus den Ohren herausbekommen?«

Kichererbsen-Suppe

Friseur zu seiner Kundin: »Die Zeit vergeht. Ihr Haar wird langsam grau.«
Kundin: »Kein Wunder, bei Ihrem Arbeitstempo.«

Herr Fröhlich sitzt in der Imbissbude und hat eine Wurst bestellt. Als sie endlich kommt, beschwert er sich: »He, warum halten Sie denn meine Wurst mit den Fingern fest?«
»Na, damit sie nicht noch mal runterfällt.«

Herr und Frau Fröhlich gehen mal so richtig chic essen. Herr Fröhlich schaut in die Karte.
»Igitt, Ochsenzunge! Ich esse doch nicht, was ein Tier schon mal im Mund gehabt hat.«
Darauf Frau Fröhlich: »Na, dann bestell dir doch ein Ei, Schatz.«

Wochenlang erzählt der Pfarrer im Religionsunterricht, wie der erste und der zweite Mensch erschaffen worden sind.
»Der traut sich bloß nicht zu erzählen, wie der dritte Mensch erschaffen wurde«, sagt Anton.

Ein Keks sitzt beim Arzt.
»Sagen Sie mir die Wahrheit, Herr Doktor. Wie schlimm ist es?«
»Nun ja, Sie haben sich leider ein paar Krümel gebrochen.«

Was sagt der große Stift zum kleinen Stift?
»Wachs mal, Stift!«

Ein Schotte fragt seine neue Freundin: »Willst du heute Abend mit mir zu Abend essen?«
»Oja, furchtbar gern!«
»Gut, dann um sieben bei dir?«

Zwei Schotten unterhalten sich im Zug.
»Machen Sie auch Urlaub?«
»Ja, ich bin auf Hochzeitsreise.«
»Wie schön. Und wo ist Ihre Frau?«
»Oh, die ist zu Hause, die kennt die Gegend schon.«

Leonie bekommt Geburtstagspost von ihrem schottischen Patenonkel.
»Herzlichen Glückwunsch zu deinem
8.–18. Geburtstag.«

Ein Schotte fragt im Supermarkt einen Verkäufer:
»Können Sie diese Zahnbürste reparieren? Sie ist nur ganz leicht beschädigt.«
»Die ist ja total zerfetzt. Kaufen Sie sich eine neue.«
»Da muss ich erst noch mal nachfragen – die Zahnbürste gehört nämlich meiner Fußballmannschaft.«

Schottenpapa schimpft mit Schottentochter.
»Was? Du hast einen neuen Kamm gekauft?«
»Ja, Papa. Beim alten ist eine Zinke abgebrochen.«
»Deshalb brauchst du doch keinen neuen zu kaufen!«
»Doch, es war die letzte.«

Ein Elektriker steht vor einer Wohnungstür und schimpft: »So eine Unverschämtheit! Bestellen mich her, um die Klingel zu reparieren, und dann macht keiner auf!«

»Herr Doktor, es ist schrecklich. Immer wenn ich Tee trinke, spüre ich so komische Stiche im rechten Auge! Was soll ich nur tun?«
»Frau Husch, nehmen Sie doch einfach den Löffel aus der Tasse!«

Ein halb verdursteter Abenteurer wankt in eine Oase.
»Wasser, Wasser!«, ruft er.
»Tut mir leid, mein Herr. Wasser haben wir hier nicht, dafür aber Krawatten«, antwortet ein Beduine.
Mit letzter Kraft schleppt sich der Abenteurer zur nächsten Oase.
»Wasser, Wasser!«, fleht er wieder.
»Wasser haben wir jede Menge, aber ohne Krawatte kommen Sie hier nicht rein!«

Ein Cowboy geht zum Friseur. Als er wieder rauskommt, ist sein Pony weg.

Ein junger Autofahrer gerät in eine Verkehrskontrolle.
»Darf ich mal Ihren Führerschein sehen?«, fragt der Polizist freundlich.
»Führerschein? Wieso Führerschein?«, antwortet der Fahrer. »Ich dachte, den gibt es erst mit achtzehn!«

Der neue Pfarrer fragt den kleinen Jonas: »Wie komme ich denn zur Post?«
»Sag ich dir nicht!«
»Du bist aber kein lieber Junge, so kommst du nicht in den Himmel!«, tadelt ihn der Pfarrer streng.
Darauf Jonas: »Und du nicht zur Post!«

Unterhalten sich zwei Magnete. Stöhnt der eine: »Was soll ich heute bloß anziehen?«

»Ich hab keine Lust mehr, hier rumzuhängen!«, sagte die Glühbirne und brannte durch.

Was ist der Unterschied zwischen einem Auto und einer Klopapierrolle?
Ein Auto kann man auch gebraucht kaufen!

Frau Husch kommt aufgeregt zu ihrem Psychiater. »Herr Doktor, ich habe was Neues! Überall sind Fliegen, lauter Fliegen!«, ruft sie und wedelt mit den Armen.
»Doch nicht alle zu mir rüber!«, wedelt der Doktor zurück.

Der Gast beschwert sich: »Herr Kellner! Da schwimmt ein Zahn in meiner Suppe!«
Kellner: »Sie haben doch gesagt, ich soll einen Zahn zulegen!«

»Herr Kellner!«, beschwert sich der Gast, »in meiner Suppe schwimmt ein Hörgerät!«
»Wie bitte?«

Was ist ein Sattelschlepper?
Ein Cowboy, der sein Pferd verloren hat.

Was ist weiß und geht den Berg hinauf?
Eine Lawine mit Heimweh!

Welches ist das älteste Instrument?
Natürlich die Ziehharmonika – die hat die meisten Falten!

Was ist gelb und liegt auf der Straße?
Ein toter Pommes.

Als das Telebimmel fonte, treppte ich die Rante runter und türte gegen die Bums.

Herr Keiner, Herr Niemand und Herr Blöd treffen sich. Herr Keiner schubst Herrn Blöd und Herr Niemand schaut zu. Da geht Herr Blöd zur Polizei und meckert: »Keiner hat mich geschubst und niemand hat zugeguckt!«
Darauf der Polizist: »Sind Sie blöd?«
Herr Blöd erstaunt: »Ja, aber woher wissen Sie das?«

»Frau Doktor, ich habe aus Versehen ein Schaf verschluckt!«
»Interessant. Und, wie fühlen Sie sich?«
»S-e-e-e-hr schlä-ä-ä-ä-ächt!«

»Frau Doktor, ich habe mein Gedächtnis verloren!«
»Interessant. Wann war das?«
»Wann war was?«

Bei einer Gerichtsverhandlung.
Richter: »Angeklagter! Wie kann es sein, dass Sie den Mann angeschossen haben, obwohl der doch mehrmals ›ICH BIN KEIN ELCH!‹ gerufen hat?«
»Tja«, sagt darauf der Angeklagte und kratzt sich am Kinn, »da muss ich mich wohl verhört haben. Ich habe ›ICH BIN EIN ELCH!‹ verstanden.«

Frau Husch sitzt mal wieder bei ihrem Psychiater.
»Heute Nacht habe ich geträumt, dass ich einen riesigen Champignon essen würde.«
»Na und?«, fragt der Arzt.
»Als ich aufwachte, war mein Kopfkissen verschwunden!«

Der Kellner schlawenzelt um den Gast herum.
»Haben Sie noch einen Wunsch, mein Herr?«
Darauf der Gast: »Ja, bringen Sie mir bitte etwas Geld, damit ich zahlen kann.«

»Herr Kellner, ich hätte gerne einen Zahnstocher.«
Der Kellner schaut sich um: »Tut mir leid, einen
Augenblick bitte. Im Moment sind alle besetzt.«

Max wird auf der Straße von einer Frau angesprochen.
»Kannst du mir vielleicht sagen, wie ich am schnellsten
zur Polizei komme?«
Max: »Wenn Sie es sehr eilig haben, schlagen Sie am
besten die Scheibe von der Bank da vorne ein. In knapp
zwei Minuten werden Sie dann sogar von der Polizei
persönlich abgeholt.«

Zwei Indianer kommen an einem Cowboy-Grillplatz
vorbei und schauen dem aufsteigenden Rauch zu.
»Ich muss zugeben, es riecht leckerer als bei uns«,
sagt der eine.
»Schon«, sagt der andere, »aber es ergibt überhaupt
keinen Sinn!«

Zwei Bratwürstchen liegen in der Pfanne. Sagt die eine:
»Puh, ganz schön heiß hier!«
Sagt die andere: »Hilfe! Eine sprechende Bratwurst!!!«

Treffen sich zwei Kerzen. Sagt die eine: »Und, was machst du so heute Abend?«
Sagt die andere: »Ich glaub, ich geh aus.«

Was ist ein Keks im Schatten?
Ein schattiges Plätzchen!

Jan soll geimpft werden. Er wehrt sich mit Händen und Füßen und schreit: »Ich will nicht, lassen Sie mich sofort los!«
Entnervt sagt die Sprechstundenhilfe: »Weißt du eigentlich, wogegen du geimpft werden sollst?«
»Na klar! Gegen meinen Willen!«

Sitzen zwei Astronauten in einer Rakete. Fragt der eine: »Wohin fliegen wir eigentlich?«
Darauf der andere: »Zur Sonne.«
»Das ist doch viel zu heiß!«
»Deshalb fliegen wir ja auch extra nachts!«

Zwei Freunde treffen sich zufällig.
»Wolltest du nicht nach England fahren?«, fragt der eine überrascht.
»Eigentlich schon, aber dieser grässliche Linksverkehr! Ich habe das zwischen München und Hamburg ausprobiert, das ist nichts für mich!«

Welchen Tisch kann man essen?
Den Nachtisch!

Was isst der Dalai Lama zum Frühstück?
Natürlich Buddhabrot!

Für welchen Bus braucht man keinen Fahrer?
Für den Globus!

Ein Spiegelei besucht ein Rührei.
»Na, wie geht es dir?«
Das Rührei seufzt: »Ach, nicht so gut. Ich bin heute so durcheinander.«

Wie nennt man einen Bumerang, der nicht zurückkommt?
Stock!

Ein Schäfer wird gefragt: »Wie viele Schafe haben Sie eigentlich?«
Darauf der Schäfer: »Keine Ahnung. Jedes Mal, wenn ich anfange, sie zu zählen, schlaf ich ein.«

»Herr Doktor, meine Familie glaubt, ich sei verrückt!«
»Warum?«
»Weil ich so gerne Würstchen mag.«
»Unsinn! Ich mag auch gerne Würstchen.«
»Wirklich? Dann müssen Sie sich unbedingt meine Sammlung ansehen. Ich habe schon hundertdreiundfünfzig!«

Wie ziehen sich Eskimos an?
So schnell wie möglich!

Ein Mann beobachtet einen kleinen Jungen, der verzweifelt versucht, einen Klingelknopf zu drücken.
»Warte, ich helfe dir«, sagt der Mann freundlich und klingelt.
Darauf der Junge: »Vielen Dank, und jetzt nichts wie weg!«

Ein Auge und ein Bein treffen sich.
Sagt das Auge: »Ich geh dann mal.«
Sagt das Bein: »Das will ich sehen!«

Wie nennt man höfliche Autofahrer?
Geisterfahrer! Sie sind immer so entgegenkommend.

Eine alte Dame sitzt beim Psychiater.
»Herr Doktor, mein Enkel glaubt, er sei ein Wolf. Was soll ich tun?«
»Schließen Sie die Tür und lassen Sie ihn unter gar keinen Umständen rein!«

Wie machen Schotten Tomatensuppe?
Ganz einfach! Sie schütten heißes Wasser in einen roten Teller!

Wie nennt man einen Mann mit Ohrenschützern?
Wie man will, er kann ja nichts hören!

Was ist weiß und versteckt sich hinter einem Baum?
Eine schüchterne Milch.

Was liegt am Strand und nuschelt?
Eine Nuschel!

Woran erkennt man einen freundlichen Motorradfahrer?
An den vielen Fliegen zwischen den Zähnen!

»Herr Kellner, die Suppe schmeckte wie Putzwasser, die Kartoffeln wie Spülschwämme und das Schnitzel wie Fensterleder!«, meckert der Gast.
»Das tut mir sehr leid«, sagt der Kellner, »unser Koch ist leider krank.«
»Und wer hat dann bitte schön gekocht?«
»Die Putzfrau!«

Ein Schotte bekommt zum Geburtstag eine Leselampe geschenkt.
»O nein! Jetzt muss ich mir auch noch ein Buch kaufen!«, stöhnt er.

Treffen sich zwei Planeten. Jammert der eine: »Oje, geht es mir schlecht!«
Darauf der andere: »Was hast du denn?«
»Ich glaube, ich habe Menschen.«
»Ach, das ist nicht so schlimm, das geht von alleine wieder vorbei.«

Zwei englische Tomaten gehen über die Straße. Plötzlich kommt ein Auto und überfährt die eine. Dreht sich die andere um und ruft: »Come on, Ketchup!«

Was ist das Gegenteil von Reformhaus?
Reh hinterm Haus!

Der berühmte Detektiv Sherlock Holmes und sein treuer Freund Dr. Watson zelten. Mitten in der Nacht weckt Holmes Watson und fragt: »Was sehen Sie?«
»Ich sehe einen prächtigen Sternenhimmel, und das bedeutet, dass wir morgen schönes Wetter bekommen!«, kombiniert Watson stolz.
»Falsch, Watson! Völlig falsch! Jemand hat unser Zelt geklaut!«

Verzweifelt hüpft der Gast auf seinen Stuhl, weil der Hund des Wirtes, bedrohlich die Zähne fletschend, vor ihm steht.
»Hilfe, was hat das Tier denn? Ich habe ihm doch nichts getan!«, schreit er.
Der Kellner kommt: »Oh, ich sehe gerade, Sie essen von seinem Lieblingsteller!«

Wie feiern die Schotten den vierten Advent?
Ganz einfach: Sie stellen zwei Kerzen vor einen Spiegel!

Fragt ein Gast im Restaurant: »Herr Kellner, warum steht denn da ›Speinat‹ in Ihrer Karte?«
Darauf der Kellner: »Ich kann nichts dafür, der Küchenchef hat gesagt, ich soll ›Spinat mit Ei‹ schreiben!«

Zwei Milchpackungen sitzen auf einer Mauer.
»Schöner Tag heute!«, sagt die eine.
Darauf die andere: »Lass mich in Ruhe, ich bin sauer!«

»Igittigitt! Herr Kellner, in meiner Suppe schwimmt ein Gebiss!!«
»Waff iff?«

Jim und Bob wetten um fünf Euro, wer am besten lügen kann. Jim legt vor: »Gestern breitete ich meine Arme aus und flog über unsere Stadt!«
Bob steckt sich lässig die fünf Euro ein.
»Hey! Warum nimmst du dir einfach das Geld?«, fragt Jim .
»Tja, ich habe dich fliegen sehen!«, grinst Bob.

Ein Indianerhäuptling geht zum Standesamt.
»Guten Tag, ich möchte meinen Namen kürzen lassen.«
»Gerne, wie heißen Sie denn?«
»Großer-Zug-der-vierzehnmal-pfeifend-vorbeifährt.«
»Schön, und wie möchten Sie heißen?«
»Tut-Tut!«

Graf Klunkerstein zu seinem Butler: »James, knallen Sie die Tür zu, ich bin wütend!«

Butler James zu Graf Klunkerstein: »Mylord, das neue Jahr steht vor der Tür!«
Graf Klunkerstein: »Worauf warten Sie denn noch? Lassen Sie es rein!«

Butler James zu Graf Klunkerstein: »Mylord, das Klavier im roten Salon ist schon wieder verstimmt.«
Graf Klunkerstein: »Achje, worüber denn?«

Treffen sich zwei Klempner.
»Du, ich habe gerade vier Meter Rohre verlegt.«
»Macht nichts, die finden wir schon wieder!«

Zwei Schneeflocken begegnen sich im Himmel.
Fragt die eine: »Wohin fliegst du?«
»Nach Österreich zum Wintersport. Und du?«
»Ich treffe mich mit Freunden in Norddeutschland – Verkehrschaos verursachen!«

»Wo ist denn deine Armbanduhr?«
»Vermutlich schon zu Hause. Die geht immer vor.«

Was sind vier Handtücher und ein Fön auf der Bühne?
Eine Haartrockband!

Warum müssen Apotheker in einer Apotheke immer schleichen?
Damit sie die Schlaftabletten nicht aufwecken!

Treffen sich zwei Eier im Kochtopf.
Sagt das eine zum anderen: »Ganz schön heiß hier!«
Erwidert das andere: »Das ist noch gar nichts! Wenn du rauskommst, schlagen sie dir auch noch mit einem Löffel auf den Kopf!«

Kommt ein Mann mit sehr langen Beinen zum Arzt und sagt: »Herr Doktor, Sie müssen mir unbedingt helfen. Meine Beine sind fünf Meter lang, wie bekomme ich sie kürzer?«
Darauf der Arzt gelassen: »Kein Problem. Gehen Sie in den Zauberwald zum Brunnen. Dort lebt der Zauberfrosch. Den müssen Sie fragen, ob er Sie heiraten will. Antwortet er mit Ja, werden Ihre Beine jedes Mal um einen Meter kürzer.«
Fröhlich geht der Mann in den Zauberwald zum Brunnen und fragt den Zauberfrosch:
»Willst du mich heiraten?«
Frosch: »Jaaaaaa!«
Und tatsächlich, die Beine werden einen Meter kürzer.
Also fragt der Mann am nächsten Tag wieder: »Willst du mich heiraten?«
»Jaaaaaa!«, antwortet der Frosch.
Wieder ein Meter weg.
Glücklich geht der Mann ein drittes Mal zum Frosch:
»Willst du mich heiraten?«
Darauf der Frosch genervt: »Wie oft willst du mich noch fragen? Ja, ja und nochmals ja!«

Susie will unbedingt im Zirkus auftreten.
»Ich kann ganz toll einen Vogel nachmachen!«, ruft sie.
Der Direktor winkt ab. »Das ist langweilig.«
»Schade«, antwortet Susie, breitet die Arme aus und
fliegt zur Tür hinaus.

Treffen sich zwei alte Bekannte.
»Mensch, Hubert! Hast du etwa schon wieder ein neues
Auto? Wie kannst du dir das denn leisten?«
»Ganz einfach, ich habe dafür meine Trompete in
Zahlung gegeben.«
»Und das hat der Autohändler akzeptiert?«
»Klar, schließlich wohnt er direkt unter mir!«

Was machst du, wenn ein Löwe, ein Krokodil und ein
Jaguar vor dir stehen?
In den Jaguar steigen und schnell wegfahren!

Der Automechaniker zum Lehrling: »So, und jetzt üben
wir das entsetzte Kopfschütteln nach dem Öffnen der
Motorhaube ….«

Ein frommer Cowboy will ein Pferd kaufen.
»Da habe ich etwas ganz Besonderes für Sie«, sagt der Pferdehändler. »Wenn das Pferd loslaufen soll, müssen Sie ›Gott sei Dank‹ sagen. Soll es stehen bleiben, sagen Sie ›Amen‹.«
Der Cowboy kauft das Pferd und galoppiert begeistert los.
Eine steile Klippe kommt in Sicht, doch leider fällt dem Cowboy das richtige Wort nicht mehr ein, das er sagen muss, damit das Pferd stehen bleibt.
Angstvoll betet er ein Vaterunser. Als er beim Amen ankommt, bremst das Pferd kurz vor dem Abgrund. Erleichtert sagt der Cowboy: »Gott sei Dank!«

Was sagen zwei Wände zueinander?
»Treffen wir uns an der nächsten Ecke?«

»Wie heißen Sie?«
»Pause.«
»Tut mir leid, dann kann ich Sie nicht einstellen.«
»Warum denn nicht?«
»Ganz einfach, wenn ich Sie rufe, hören alle anderen auf zu arbeiten!«

Im Gerichtssaal. Drei Männer stehen vor dem Richter. Fragt der Richter den ersten: »Nun, was haben Sie angestellt?«
Darauf der Angeklagte: »Ich habe den Stein in den Teich geworfen.«
Richter: »Das ist keine Straftat. Freispruch!«
Er wendet sich an den zweiten: »Und, was haben Sie getan?«
Antwortet der zweite: »Ich habe geholfen, den Stein in den Teich zu werfen.«
Richter: »Auch das ist keine Straftat. Freispruch!«
Schließlich fragt er den dritten: »Nun zu Ihnen. Weshalb sind Sie hier?«
Sagt der dritte: »Mein Name ist Stein, Euer Ehren! Franz Stein!«

Was ist der Unterschied zwischen einem Beinbruch und einem Einbruch?
Zwei Monate liegen, sechs Monate sitzen!

Wohin fliegt eine Wolke, wenn es sie juckt?
Zum Wolkenkratzer!

Vorsicht, Familie!

Jan beschwert sich bei seinem Freund: »Das ist total ungerecht! Nur weil ich der Jüngste von uns fünf Geschwistern bin, muss ich immer die alten Klamotten auftragen.«
»So schlimm ist das doch nicht«, sagt sein Freund.
»Und ob das schlimm ist, schließlich bin ich der einzige Junge!«

»Mama, sag mal, stimmt es, dass der Mensch nach seinem Tod zu Staub zerfällt?«
»Ja, das stimmt.«
»Tja, dann ist unter meinem Bett wohl jemand gestorben.«

»Schmerzt dein Zahn noch?«, fragt die Mutter Paul, als der vom Zahnarzt kommt.
»Keine Ahnung«, sagt Paul. »Der Zahnarzt hat ihn behalten.«

Julius will einfach nicht schlafen gehen.
Oma, schon ungeduldig: »Gehst du freiwillig ins Bett oder soll ich dir ein Gutenachtlied vorsingen?«

Die Mutter schimpft mit ihrer Tochter: »Mensch, Marie, du solltest doch aufpassen, wann die Milch überkocht!«
Marie verteidigt sich: »Hab ich doch, es war genau vier Minuten nach sechs!«

Mia fragt ihren Papa: »Du, Papa, woraus wird eigentlich Vollmilchschokolade gemacht?«
Papa: »Aus Vollmilch natürlich!«
Mia bohrt weiter: »Und Kinderschokolade?«

Opa fragt: »Was ist Wind?«
Lina antwortet: »Das ist Luft, die es ganz eilig hat.«

Tante Luzie ist zu Besuch. Plötzlich fängt Lilli an, an Tante Luzies neuem Kleid zu lecken. Entsetzt starren alle sie an.
Lilli erklärt: »Du hattest recht, Mama, das Kleid ist wirklich total geschmacklos.«

»Etwas so Schmutziges wie deine Hände habe ich noch nie gesehen!«, zetert Tante Luzie.
»Dann solltest du mal einen Blick auf meine Füße werfen«, entgegnet Lilli.

Tante Luzie kommt mal wieder zu Besuch.
»Wie lange möchtest du eigentlich bleiben?«,
fragt die Mutter.
»Nur so lange, bis ich euch auf die Nerven falle.«
»Oh, nur so kurz.«

Anna und ihre Schwester Hannah schauen in den Nachthimmel.
Anna: »Glaubst du, dass Menschen auf den Sternen wohnen?«
Hannah: »Na klar. Sonst wären die Dinger doch nicht immer beleuchtet.«

Familie Plem gibt eine Gartenparty. Frau Plem bittet ihren Sohn: »Julius, füll doch mal schnell den Salzstreuer auf.«
Nach einer Stunde kommt der Kleine schluchzend aus der Küche: »Ich schaff's einfach nicht! Das Zeug will nicht durch die Löcher!«

Völlig außer Atem kommt die neue Haushaltshilfe vom Einkauf zurück, einen wütenden Mann hinter sich herziehend.
»Ich habe alles bekommen: Butterkuchen, Hefeteilchen, Erdbeertörtchen. Bloß der Berliner macht leider Schwierigkeiten.«

»Sag doch, was du willst, das geht bei mir zum einen Ohr rein und zum anderen wieder raus!«, schreit Paula ihren Bruder an.
»Kein Wunder,« sagt der Bruder. »Es ist ja auch nichts dazwischen!«

Tante Luzie sitzt am Klavier und singt dazu. Lilli flüstert ihrer Schwester zu: »Sie sollte im Fernsehen auftreten.«
»Wieso?«
»Dann könnte man sie abstellen!«

»Papa, ich muss mal unter drei Augen mit dir reden!«
»Du meinst wohl, unter vier, mein Sohn?«
»Nee, eins musst du zudrücken.«

Familie Piepenstock macht Urlaub am Meer.
»Wie lange willst du eigentlich noch auf die untergehende Sonne starren?«, fragt Tim seine kleine Schwester Lotti.
»So lange, bis es zischt!«

Dicke Luft vor dem Abendessen.
»Wie ist Mama denn darauf gekommen, dass du dir die Hände nicht gewaschen hast?«, fragt Klara ihren Bruder Karl.
»Ich hab vergessen, die Seife nass zu machen.«

»Wie findest du eigentlich dein neues Schwesterchen, Nina?«, fragt Oma.
»Och, eigentlich ganz süß«, antwortet Nina. »Sie ist nur so unglaublich verfressen. Egal, was ich ihr gebe – Murmeln, Geld, Würmer –, sie schluckt einfach alles.«

»Warum hast du denn so klatschnasse Haare, Lilli?«, fragt Tante Luzie.
»Ich hab meinem Goldfisch einen Gutenachtkuss gegeben!«

»Sag mal, Lisa, was möchtest du lieber? Ein Brüderchen oder ein Schwesterchen?«
»Kannst du auch Ponys, Mama?«

Vorsichtig balanciert Niklas drei Eiswaffeln am Strand entlang. Als er fast am Handtuch der Familie angekommen ist, fällt ein Eis in den Sand.
»Oh, Mama, schade um dein schönes Eis!«

»Wie oft soll ich euch noch sagen, dass ihr euch nicht immer hauen sollt?«, schimpft der Vater mit seinen Töchtern. »Also, wer hat diesmal angefangen?«
»Nele«, sagt Emma, »sie hat zuerst zurückgehauen.«

Opa Piepenstock sagt zu seiner Enkelin: »Lotti, bring doch bitte mal den Müll raus, du hast die jüngeren Beine.«
Antwortet Lotti: »Aber Opi, sollten wir nicht erst die alten aufbrauchen?«

»Lotti, warum hast du denn ein Würstchen hinter dem Ohr?«, fragt Oma Piepenstock erstaunt.
»Oh, dann habe ich zum Mittag wohl den Bleistift gegessen.«

»Na, Oma, funktioniert dein neues Hörgerät?«
»Ja, ganz wunderbar! Ich habe schon viermal mein Testament geändert!«

Trudi beschwert sich bei ihrer Freundin: »Meine Mutter ist total unlogisch! Abends, wenn ich richtig fit bin, muss ich ins Bett, und morgens, wenn ich todmüde bin, muss ich aufstehen.«

Herr Piepenstock sagt zu seiner Frau: »Du erinnerst mich ans Meer.«
Frau Piepenstock ganz gerührt: »Weil ich so schön, so rätselhaft und so romantisch bin?«
»Nein, weil du mich krank machst!«

»Lilli, du solltest dir doch die Hände waschen, bevor du Klavier spielst«, zetert Tante Luzie.
»Nicht nötig«, grinst Lilli, »ich übe heute nur auf den schwarzen Tasten.«

Oma Piepenstock macht mit ihren Freundinnen eine Busreise.
»Wie wäre es mit ein paar leckeren Nüssen?«, fragt sie den Busfahrer und hält ihm eine Handvoll entgegen.
»Sehr gerne, danke. Ich liebe Nüsse!«, antwortet der Fahrer.
So geht das ein paarmal hin und her: Oma kommt mit ihren Nüssen, der Fahrer nimmt sie.
Nach dem fünften Mal jedoch sagt der Busfahrer:
»Gnädige Frau, wollen Sie Ihre Nüsse nicht selber essen?«
»Nein, wir lutschen nur die Pralinen drum herum, die Nüsse können wir leider nicht beißen!«

Lilli trottet gemütlich die Treppe hinunter. Tante Luzie ist auf hundertachtzig.
»Lilli, warum bist du nicht sofort gekommen? Ich stehe hier und rufe und rufe!«
»Arme Tante, ich habe dich erst beim fünften Mal gehört.«

»Papi, Papi, wo liegt Afrika?«
»Keine Ahnung, deine Mutter hat mal wieder aufgeräumt.«

Lilli und Tante Luzie gehen in die Stadt. Plötzlich findet Lilli einen Fünfeuroschein. Sie bückt sich und ruft: »Schau mal, Tante Luzie, hab ich ein Glück!«, doch die Tante entgegnet nur spitz: »Was auf dem Boden liegt, darf man nicht aufheben!«
Kurze Zeit später das gleiche Spiel mit einem Zwanzigeuroschein:
»Was auf dem Boden liegt, darf man nicht aufheben!«, sagt Tante Luzie, als Lilli nach dem Schein greifen will.
Dann – plong – stolpert Tante Luzie und fällt – plumps – hin.
»Lilli, komm, hilf mit auf!«, jammert sie.
»Aber Tante Luzie! Was auf dem Boden liegt, darf man doch nicht aufheben!«

Familie Piepenstock sitzt beim Mittagessen. Lotti schaut zu ihrer Mutter und sagt: »Mama, jetzt habe ich die Möhrchen 18-mal gekaut!«
Mama Piepenstock: »Toll, Lotti!«
Lotti gequält: »Und was soll ich jetzt damit machen?«

Oma Piepenstock geht zum Bäcker.
»Ich hätte gerne 99 Brötchen«, sagt sie.
Der Bäcker verwundert: »Warum nehmen Sie denn nicht gleich 100?«
Die Oma: »Na, Sie haben Ideen, wer soll die denn alle essen?«

Lilli kommt vom Spielen nach Hause.
Tante Luzie streicht ihr zur Begrüßung übers Haar und erschrickt.
»Lilli, warum sind deine Haare denn nass?«
Lilli: »Wir haben Hund gespielt.«
Tante Luzie: »Aber davon wird man doch nicht nass!«
Lilli: »Doch, doch, wenn man der Baum ist!«

Der Arzt hat Oma Piepenstock das Treppensteigen verboten.
»Das geht so nicht«, schimpft sie und geht erneut in die Sprechstunde. »Also, Herr Doktor, Sie müssen mir das Treppensteigen wieder erlauben, das ständige Auf und Ab an der Dachrinne wird mir allmählich zu anstrengend!«

Lotti Piepenstock starrt auf die Rolltreppe.
»Wieso starrst du denn so?«, fragt ihre Mutter.
»Ich warte darauf, dass mein Kaugummi wiederkommt.«

»Hannah, zwei Ausdrücke will ich nie wieder von dir hören!«, schimpft der Vater. »Der eine ist saublöd und der andere ist scheiße!«
»O.k., Papi, und welche Ausdrücke meinst du?«

»Mama, unser Hund ist ein Lügner!«, sagt Lotti Piepenstock entrüstet.
»Aber Lotti, Hunde können doch gar nicht lügen.«
»Doch, pass mal auf: ›Bruno, wie machen die Kühe?‹«
»Wau, wau.«
»Siehst du, Mama?«

Bastian verliert gleich zwei Milchzähne nebeneinander. Entsetzt rennt er zu seiner Mutter und schreit: »Hilfe, Mama, ich kriege eine Glatze im Mund!«

Familie Piepenstock macht Urlaub an einem See. Es wimmelt nur so vor angriffslustigen Mücken. Am Abend deutet Lotti auf ein Glühwürmchen und schreit: »Schnell weg! Jetzt kommen sie schon mit Taschenlampen!«

Oma Piepenstock sitzt vergnügt in der Pizzeria und bestellt eine Salamipizza.
Der Pizzabäcker fragt: »Möchten Sie die Pizza in vier oder acht Stücke geschnitten haben?«
Oma Piepenstock überlegt kurz und antwortet:
»Lieber nur in vier Stücke, ich glaube, acht schaffe ich nicht.«

Die kleine Susi heult wie ein Schlosshund.
Genervt kommt der Vater angerannt und fragt: »Robert, was hast du wieder mit deiner Schwester gemacht?«
»Gar nichts, ich habe ihr sogar geholfen!«
»Wobei?«
»Beim Eisessen.«

»Mein Gott, Lilli, wie siehst du denn wieder aus?«, fragt Tante Luzie empört.
»Ich bin ins Gras gefallen.«
»Aber von Gras sieht man doch nicht so aus!«
»Doch, nachdem es die Kuh gefressen hat.«

»Guten Tag, mein Name ist Kurz.«
»Angenehm, mein Name ist auch kurz, ich heiße Lang.«

Lola hat mal wieder Krach mit ihrem Bruder Leo.
»So, Lola, entweder du entschuldigst dich bei deinem Bruder, oder du gehst ohne Abendessen ins Bett!«, sagt die Mutter streng.
»Was gibt es denn?«, fragt Lola.

Lilli geht mit ihrer Tante Luzie in den Zoo.
Am Löwengehege schreit Tante Luzie aufgeregt:
»Lilli, komm sofort da weg!«
»Aber ich tue den Löwen doch gar nichts!«, sagt Lilli verwundert.

Sören verbringt einige Tage bei seiner Oma. Am ersten Abend will er sich ungewaschen ins Bett legen, doch die Oma ertappt ihn.
»Kind, du musst dich doch waschen! Schau mich an, ich habe mich mein Leben lang immer schön gewaschen.«
»Und das hast du jetzt davon, lauter Runzeln und Falten!«

Tante Luzie und Opa Piepenstock halten ein Pläuschchen am Gartenzaun.
»Na, Herr Piepenstock, wohin geht es denn dieses Jahr in den Urlaub?«
»Wir möchten gerne mal nach Sicht.«
»Wo ist denn das?«
»Keine Ahnung, aber in den Nachrichten heißt es immer: Schönes Wetter in Sicht!«

»Papa, ich habe den Fernseher ganz auseinandergenommen und wieder zusammengesetzt«, strahlt Moritz.
»O nein«, stöhnt der Vater, »hoffentlich hast du kein Teil verloren!«
»Nein, im Gegenteil«, erwidert der Sohn stolz, »ich habe sogar noch fünf Teile übrig!«

»Tante Luzie, könntest du mir bitte mein Gesicht waschen?«
»Aber Lilli, warum machst du das nicht selber?«
»Weil dann meine Hände nass werden, und die sind nicht schmutzig!«

Tim Piepenstock fährt abends mit seinem Fahrrad nach Hause. Ohne Licht.
Das bleibt nicht unbemerkt. Ein Polizist stoppt ihn und sagt: »Junge, wenn dein Licht nicht geht, dann musst du absteigen und schieben!«
Tim zuckt mit den Schultern: »Das habe ich schon probiert, das Licht brennt trotzdem nicht.«

Opa Piepenstock liegt im Krankenhaus.
»Herr Doktor, ganz ehrlich, wie stehen meine Chancen?«
»Ausgezeichnet, diese Operation habe ich schon 43-mal gemacht.«
»Puh, dann bin ich beruhigt!«
»Eben, einmal muss sie ja schließlich gelingen.«

Herr und Frau Piepenstock machen Urlaub in den Bergen.
»Und, gefällt es dir hier?«, fragt Herr Piepenstock seine Frau.
»Oh ja, es ist wunderbar! Die Landschaft macht mich ganz sprachlos!«
»Gut, dann bleiben wir drei Wochen!«

Bei Piepenstocks klopft es. Herr Piepenstock fragt: »Wer ist da?«
Eine dunkle Stimme ertönt: »Ich bin's, der Würger mit der Maske!«
Herr Piepenstock: »Schatz, es ist für dich!«

Herr Plem ruft begeistert: »Unser neuer Computer kann so gut wie alles!«
Frau Plem: »Wunderbar! Dann kann er gleich mal anfangen, den Flur zu saugen!«

»Neeeiiin!«, schreit Lisbeth. »Ich will nicht nach Bayern!«
»Aber warum denn nicht?«, fragt die Mutter.
»Hier steht, dass die Bayern sich überwiegend von Touristen ernähren!«

Ostereier-Suche bei Hochwasser

Matilda liegt auf dem Bauch und singt aus Leibeskräften. Plötzlich hört sie auf, dreht sich auf den Rücken und schmettert von Neuem los.
Fragt ihre Mutter: »Was machst du da eigentlich?«
»Ich spiele Kassette – gerade läuft die zweite Seite.«

Frau Piepenstock genießt den Waldspaziergang.
»Hör mal, Schatz, die Grillen!«, ruft sie entzückt.
Darauf Herr Piepenstock: »Ich rieche nichts!«

»Mama, wo warst du eigentlich, als ich geboren wurde?«, fragt Lotta Piepenstock.
»Im Krankenhaus.«
»Aha, und Papa?«
»Der war arbeiten.«
»Na toll! Dann war also niemand da, als ich ankam!«

Frau Piepenstock rennt ins Haus.
»Herbert, komm mal schnell! Die Garage hat so ein komisches Geräusch gemacht, als ich reingefahren bin!«

Laras Oma hat fünf Enkel namens Lala, Lolo, Lulu und Lele.
Wie heißt der fünfte?
Natürlich Lara!

Oma Piepenstock braucht eine Brille.
»Kurzsichtig oder weitsichtig?«, fragt der Optiker.
Oma Piepenstock empört: »Natürlich durchsichtig!«

David sagt zu seinem Vater: »Papa, ich möchte deine Mutter heiraten!«
Der Vater entgeistert: »Warum das denn?«
»Du hast doch auch meine Mutter geheiratet!«, sagt David.

Amelie sitzt am Frühstückstisch und verlangt: »Marmelade!«
Darauf ihr Onkel: »Gern, Amelie, doch wie heißt das Zauberwort?«
»Abrakadabra!«

Jonas zerdeppert in der Wohnung seiner Tante eine Vase.
Fassungslos stammelt die Tante: »Die Vase war aus dem 17. Jahrhundert!«
Jonas erleichtert: »Gott sei Dank, ich dachte schon, sie sei neu!«

Frau Piepenstock trällert fröhlich vor sich hin.
Plötzlich kommt ihr Mann rein und schimpft:
»Elvira! Du hättest mir ruhig sagen können, dass du singst! Ich öle seit einer halben Stunde das Gartentor!«

Oma Piepenstock läuft wie ein aufgescheuchtes Huhn durch die Wohnung.
»Was ist denn los, Oma?«, fragt Lotta.
»Ich habe meine Brille verloren und kann sie ohne Brille nicht finden!«

Frau Plem hat Probleme mit den Ohren. Der Ohrenarzt rät ihr zur brandneuen ›Wurmtherapie‹.
»Also, Frau Plem, ganz einfach. Sie nehmen den Wurm, stecken ihn sich in das linke Ohr, ziehen ihn durch Ihren Kopf und dann durch das rechte Ohr wieder raus«, erklärt ihr der Ohrenarzt.
Gesagt, getan, und tatsächlich: Frau Plems Ohren sind wie neu.
»Das will ich auch«, sagt Herr Plem.
Er macht alles genau wie seine Frau. Wurm rein, einmal durch den Kopf – doch dann ist der Wurm plötzlich weg.
»Wie kann das sein? Wo ist der Wurm geblieben?«, fragt er den Arzt.
»Tja, anscheinend haben Sie einen Vogel!«

Frau Plem erzählt ihrer Freundin: »Du, ich mache jetzt drei Diäten!«
Die Freundin überrascht: »Wieso denn gleich drei?«
»Na, von einer werde ich nicht satt!«

Bei Familie Piepenstock klingelt das Telefon. Lotta hebt ab.
»Ist deine Mutter da?«, fragt ein Mann am anderen Ende.
Lotta flüstert: »Sie ist gerade im Keller.«
Darauf der Mann: »Und dein Vater?«
»Der ist auch im Keller.«
»Gut, dann rufe ich gleich noch mal an«, sagt der Mann.
Eine Viertelstunde später klingelt erneut das Telefon und Lotta hebt wieder ab.
»Ist deine Mutter jetzt da?«, fragt der Mann.
Lotta, mit vorgehaltener Hand: »Jetzt ist sie auf dem Dachboden.«
»Gut, dann gib mir deinen Vater!«
»Geht nicht, der ist auch auf dem Dachboden.«
Der Anrufer ungeduldig: »Was machen deine Eltern denn bloß die ganze Zeit?«
Lotta: »Die suchen mich!«

»Mama, warum hat Papa so wenige Haare auf dem Kopf?«
»Weil er so viel nachdenkt!«
»Und warum hast du so viele Haare auf dem Kopf?«
»Sei still und geh spielen!«

Fritzchen schiebt seinen Teller weg.
»Mama, ich mag keinen Käse mit Löchern!«
»Dann iss doch den Käse und lass die Löcher liegen!«

Die kleine Olivia fragt ihre Mutter: »Du, Mama, wann bin ich eigentlich geboren?«
»Am 13. März«, antwortet die Mutter.
»Echt? Was für ein Zufall, das ist ja genau an meinem Geburtstag!«

Tim Piepenstock beginnt eine Lehre zum Konditor. Als Erstes soll er »Herzlichen Glückwunsch« auf eine Torte schreiben.
Am Abend fragt ihn eine Mutter gespannt: »Na, wie war's?«
»Grässlich! Es gab eine totale Sauerei, als ich die Torte eingescannt habe!«

Oma Piepenstock sitzt beim Optiker.
»Wissen Sie was, junger Mann, ich nehme die Brille dreimal!«
»Wozu brauchen Sie denn drei Brillen?«
»Eine zum Lesen, eine für die Fernsicht und eine, um die anderen zu suchen!«

Tim Piepenstock will sich als Babysitter versuchen. Pünktlich um acht klingelt er bei Familie Schnulze.
»Du bekommst vier Euro die Stunde und nächstes Jahr erhöhen wir dann auf fünf«, erklärt Frau Schnulze.
»O.k.«, sagt Tim und wendet sich zur Tür. »Dann bis nächstes Jahr.«

»Wie alt bist du denn jetzt, Konrad?«, fragt Tante Berta wohl zum tausendsten Mal.
»Neun«, antwortet Konrad geduldig.
»Und was möchtest du mal werden?«
»Zehn, Tante Berta.«

Die Mutter kommt nach der Arbeit nach Hause. Sie fragt ihre Tochter: »War jemand da?«
Darauf die Tochter: »Ja.«
Fragt die Mutter: »Wer?«
Antwortet die Tochter: »Ich.«
Die Mutter genervt: »Nein, ich meine, ob jemand gekommen ist!«
Die Tochter: »Ja, du!«

Bei Piepenstocks klingelt es.
»Guten Tag. Sie hatten angerufen, ich bin Mechaniker der Firma ›TV Total kaputt‹ und will Ihren Fernseher reparieren.«
»Oh, das hat sich schon erledigt«, strahlt Oma Piepenstock. »Mein Mann und ich hatten nur die Brillen vertauscht!«

Zwei Freunde unterhalten sich.
Jammert der eine: »Meine Schwester spielt ständig beleidigte Leberwurst.«
Darauf der andere: »Hast du es gut! Meine spielt Geige!«

Frau Piepenstock ist auf 180: »Herbert, es nervt mich, dass du immer sagst: Mein Auto, mein Haus – obwohl doch alles uns beiden gehört!«
Darauf ihr Mann: »In Ordnung.«
Kurz darauf wühlt er im Schrank.
Frau Piepenstock fragt: »Was suchst du?«
»Unsere Unterhose!«

Witz-Olympiade

Lasse fragt seinen Vater: »Papa, was wird eigentlich aus Fußballern, die nicht mehr gut sehen?«
»Schiedsrichter, mein Sohn, Schiedsrichter.«

Herr Pfeifer kommt aufgekratzt nach Hause.
»Schatz! Schnell, mach den Fernseher an! Bayern spielt gegen Bremen!«
»Das haben wir doch erst letztes Jahr gesehen.«

Das Ehepaar Pfeiffer kommt eine Viertelstunde zu spät zum Fußballspiel.
»So ein Mist!«, schimpft Herr Pfeiffer.
»Ärgere dich nicht, Schatz, die fehlende Zeit hängen wir einfach hintendran.«

Zwei Fußballfans unterhalten sich.
»Meine Frau hat gedroht, sich scheiden zu lassen, wenn ich weiterhin jedes Wochenende ins Stadion gehe.«
»Das tut mir sehr leid.«
»Ja, irgendwie wird sie mir auch fehlen.«

Nach dem Spiel fragt der Basketballspieler den Trainer:
»Wie war ich?«
»Letzte Woche warst du besser«, meint der Trainer.
»Aber da habe ich doch gar nicht gespielt!«, wundert sich der Spieler.
Darauf der Trainer: »Eben!«

An der Stadionkasse:
Kassierer: »Mein Herr, das ist nun schon das siebte Ticket, das Sie innerhalb von einer Stunde kaufen. Wie kann das sein?«
Mann: »Was soll ich denn machen? Am Eingang steht ein Kerl, der es mir jedes Mal zerreißt!«

Zwei Fußballspieler unterhalten sich über einen Mitspieler.
»Marco ist schon wieder erkältet.«
»Kein Wunder! Der muss ja auch immer im Sturm spielen.«

Warum spielen Ostfriesen beim Fußball immer nur eine Halbzeit?
Ganz einfach: Sie wissen nicht, wie man das Spielfeld umdrehen soll.

Der Trainer fragt den Spieler: »Kannst du mit beiden Füßen schießen?«
»Sind Sie verrückt? Dann würde ich doch hinfallen.«

Riesiger Andrang beim Ticketverkauf. Ein Fan will sich vordrängeln.
Der Mann am Schalter ruft: »He, Sie! Stellen Sie sich gefälligst hinten an!«
Antwortet der Fan: »Das geht nicht, da steht schon jemand.«

Frau von Otterzahn hat ihre erste Reitstunde.
»Aber, aber, meine Gnädigste«, sagt der Reitlehrer, »so geht das nicht. Sie sitzen ja verkehrt herum im Sattel!«
»Was heißt hier verkehrt herum? Sie wissen doch gar nicht, wohin ich reiten will!«, erwidert sie spitz.

»Puh, der Weg von der Kabine bis zum Ring ist aber weit!«, beschwert sich der Boxer.
»Das macht nichts«, tröstet ihn der Trainer, »zurück wirst du getragen.«

Der Mittelstürmer humpelt vom Feld. Besorgt fragt ihn der Trainer: »Ist es schlimm?«
Darauf der Mittelstürmer: »Nein, mein Bein ist nur eingeschlafen.«

Gerd schwänzt immer die Schule und geht stattdessen auf den Fußballplatz. Die Mutter redet ihm ins Gewissen: »Weißt du, was aus einem Jungen wird, der nicht lernt und nur Fußball spielt?«
»Na klar! Der kommt in die Bundesliga und wird Millionär!«

Herr Pfeiffer schaltet den Fernseher ein und fragt seine Frau: »Schatz, willst du noch irgendetwas sagen, bevor die WM anfängt?«

»Na, Max, willst du eigentlich immer noch Fußballprofi werden?«, fragt Onkel Hubert.
»Nein, bloß nicht!«, entgegnet Max empört, »ich hab gehört, die müssen nach jedem Spiel duschen!«

Der Trainer hat einen Fußballschuh gefunden.
»Wem gehört der?«
Chantal sagt: »Komisch, der sieht aus wie meiner, aber das kann nicht sein. Meinen habe ich vorhin verloren.«

Unterhalten sich zwei Fußballfans vor dem Stadion.
Sagt der eine: » So ein Mist, ich hätte mein Klavier mitnehmen sollen.«
»Warum das denn?«
»Weil da die Tickets drauffliegen!«

Nach der zehnten Niederlage geht der Trainer mit seiner Mannschaft durchs Stadion.
»So, Jungs. Wo die Fotografen sind, wisst ihr ja. Wo die Fernsehkameras stehen, auch. Und nun zeige ich euch die Tore!«

Was ist der Unterschied zwischen einem Marienkäfer und dem Tabellenletzten der Bundesliga?
Der Marienkäfer hat mehr Punkte!

Der Boxer Matschauge liegt im Ring am Boden, der Ringrichter beginnt zu zählen.
Springt der Trainer zu Matschauge und flüstert ihm ins Ohr: »Steh nicht vor neun auf!«
Matschauge: »O. k., wie spät ist es denn jetzt?«

Elias und seine Oma sitzen vor dem Fernseher und gucken Fußball.
Sagt Elias: »So ein blödes Spiel! Überhaupt keine Tore!«
Darauf die Oma: »Soll ich dir meine Brille leihen? Da stehen sogar zwei Tore!«

Schon zum fünften Mal fliegt dem Mann, der es sich auf der Wiese gemütlich gemacht hat, ein Fußball um die Ohren.
»Könnt ihr nicht woanders spielen?«, schreit er ärgerlich.
»Klar«, meint Marc, »aber Sie müssen mitkommen! Sie sind schließlich unser rechter Torpfosten!«

Max kommt freudestrahlend vom Fußball nach Hause.
»Ich habe heute zwei Tore geschossen!«, sagt er glücklich.
»Und wie ist das Spiel ausgegangen?«, erkundigt sich seine Mutter.
Max: »1:1!«

Der Sohn eines Fußballstars kommt mit seinem Zeugnis nach Hause.
»Mensch, Papa, stell dir vor: Mein Vertrag mit der Klasse ist um ein volles Jahr verlängert worden.«

Ein Schalke-Fan sitzt gemütlich am Frühstückstisch. Eine Wespe setzt sich auf den Schinken und beginnt, genüsslich, daran herumzuknabbern. Der Schalke-Fan beugt sich zu ihr und sagt: »Du kannst gerne mit frühstücken, aber zieh gefälligst vorher dein schwarz-gelbes BVB-Trikot aus!«

Fritzchen freut sich auf das Fußballspiel am Sonntag.
»Daraus wird nichts«, sagt seine Mutter, »du gehst mit uns in die Kirche!«
Schlau, wie Fritzchen nun mal ist, versteckt er ein Radio unter seiner Jacke und verfolgt so das Spiel in der Kirche.
Plötzlich, während des Gebets, schreit er: »TOOOOR!«
»Wer war das?«, ruft der Pfarrer erbost.
Fritzchen jubelt: »Lukas Podolski!!«

Zwei Irre spielen Tennis. Nach dem dritten Satz stöhnt der eine: »Fünf Minuten Pause, dann bist du der Ball!«

Nach mühevollem Aufstieg erreichen Vater und Sohn den 2000 Meter hohen Gipfel.
»Guck mal, wie schön es da unten ist!«, sagt der Vater begeistert.
Darauf der Sohn: »Warum sind wir dann überhaupt raufgestiegen?«

An einem scheußlich kalten Wintertag sitzt ein Angler mit dicken Backen am See. Ein Spaziergänger kommt vorbeigestakst und fragt: »Sie Armer, Sie haben ja dicke Backen. Haben Sie Zahnschmerzen?«
»Zahnschmerzen? Nein«, nuschelt der Angler, »aber irgendwie muss ich die Würmer ja auftauen!«

Meint der Fußballtrainer zum Tenniscoach: »Sollen wir unsere Spieler tauschen? Meine schießen nie ins Netz und deine hauen immer rein!«

Kommt ein Mann ins Fundbüro und fragt: »Ich habe im Fußballstadion einen 50-Euro-Schein verloren. Ist der hier abgegeben worden?«
»Nein, nur ein 100-Euro-Schein. Tut mir leid.«
Darauf der Mann: »Macht nichts, ich kann wechseln.«

Mutter: »Finn, du wolltest doch mit Moritz Schach spielen?«
Finn: »Ich hab keine Lust mehr.«
Mutter: »Warum denn nicht?«
Finn: »Wie soll ich denn mit ihm Schach spielen, wenn er mir dauernd meine Figuren klaut?«

Ein Angler geht ins Fischgeschäft und sagt zum Verkäufer: »Bitte werfen Sie mir zwei Forellen zu.«
»Warum denn werfen?«
»Damit ich zu Hause sagen kann, ich hätte sie selbst gefangen!«

Lukas kommt vom Training nach Hause und will sich aufs Sofa schmeißen.
»Mensch, Lukas, pass auf«, schimpft die Mutter, »dein rechtes Bein ist ja noch ganz dreckig!«
»Verflixt«, sagt Lukas, »dann habe ich bei dem Gedränge unter der Dusche wohl das Bein von jemand anderem gewaschen!«

»Kommst du mit zum Schwimmen?«, fragt Max seinen Bruder.
»Geht nicht, ich habe Hausverbot im Hallenbad.«
»Wieso das denn?«
»Ich habe ins Becken gepinkelt.«
»Na und? Das machen doch alle.«
»Ja, aber nicht vom Zehnmeterbrett!«

Johann schwimmt mit dicken, aufgeblähten Backen durchs Hallenbad. Fragt sein Freund besorgt: »Hast du Zahnschmerzen?«
Antwortet Johann, schwer verständlich: »Nein, aber letztes Mal wurde mir mein Shampoo geklaut, das passiert mir nicht noch mal!«

Michael Schumacher fährt mit seinem Rennwagen über die Straße, neben ihm fährt ein Roller. Schumi fährt 100 km/h. Der Roller ist immer noch neben ihm. Schumi gibt Gas, fährt 200 km/h, der Roller bleibt neben ihm. Schumi gibt alles, fährt 300 km/h, nichts zu machen, der Roller hält das Tempo. Entnervt fährt Schumi rechts ran und fragt den Rollerfahrer:
»Na, Tiger unter der Haube?«
»Nein, Jacke in deiner Tür!«

Was ist die gefährlichste Sportart?
Fußball! Da wird geschossen und geköpft!

Beim Training der D-Jugend liegen alle auf dem Rücken und fahren Rad in der Luft. Alle, bis auf einen.
»Lukas, warum machst du nicht mit?«, fragt der Trainer.
Lukas ganz cool: »Trainer, ich fahre gerade bergab!«

Die Radrennfahrer quälen sich eine steile Bergstraße hinauf. Ein Bergbauer schüttelt den Kopf und sagt zu einem Zuschauer: »Ich frage mich, warum die sich so abschinden.«
Der Zuschauer antwortet: »Der Erste bekommt einen Haufen Geld.«
»Schön und gut, aber warum schinden sich die anderen?«

»Das war ein tolles Spiel«, sagt der Trainer zum Schiedsrichter. »Nur schade, dass Sie es nicht gesehen haben!«

Bei den Stabhochsprung-Meisterschaften

Was ist der Unterschied zwischen einem Fußgänger und einem Fußballer?
Der Fußgänger geht bei Grün, der Fußballer bei Rot.

Was ist der Unterschied zwischen einem Fußballer und einem Bankräuber?
Der Bankräuber sagt: »Geld her oder ich schieße!«
Der Fußballer sagt: »Geld her oder ich schieße nicht!«

Zwei Formel-1-Fahrer zelten gemeinsam im indischen Dschungel. In der Nacht wird der eine plötzlich durch komische Geräusche geweckt. Er steckt den Kopf durch den Eingang und sieht, dass sein Freund von einem Tiger ums Zelt gejagt wird. Entsetzt ruft er ihm zu: »Schneller, schneller, der Tiger holt dich gleich ein!«
Der andere ruft atemlos zurück: »Macht nichts, ich habe zwei Runden Vorsprung!«

Beim Motorradrennen fällt der Startschuss. Alle Motorräder brausen los, bis auf eins, das bleibt stehen. Der Starter fragt den Fahrer: »Warum fahren Sie denn nicht?«
Der Fahrer meckert: »Wie denn, Sie haben mir ja in den Reifen geschossen!«

Roland sitzt im Stadion und schaut gebannt beim 10 000-Meter-Lauf zu. Voller Begeisterung wendet er sich seinem Nachbarn zu und schreit: »Der mit dem roten Schal gewinnt!«
»Wieso roter Schal? Das ist seine Zunge!«

»Heute hatte ich meine erste Reitstunde«, erzählt Rosa ihrer Freundin.
»Oh toll, setz dich und erzähl mir alles.«
»Geht nicht«, antwortet Rosa.
»Warum nicht?«
»Weil ich meine erste Reitstunde hatte …!«

Lach- und Quatschkunde

»Unsere Lehrerin weiß aber auch nicht, was sie will«, flüstert Maya Louisa ins Ohr. »Gestern sagte sie, fünf und fünf seien zehn. Heute behauptet sie, sechs und vier seien zehn!«

Die Lehrerin ist fassungslos.
»Mensch, Lukas, wie ist das nur möglich? Fünfzehn Fehler auf einer Seite!«
Lukas: »Das liegt nur daran, dass sie wie eine Verrückte danach suchen!«

In der Schule hängen zwei wunderschöne neue Garderobenhaken. Darüber ein Schild mit der Aufschrift: NUR FÜR LEHRER!
Am nächsten Tag klebt ein Zettel darunter: Aber man darf auch Mäntel daran aufhängen!

Lehrer Nervig ist sauer: »Mats, du bist schon wieder zu spät. Warum?«
Mats: »Weil ich von einem super Fußballspiel geträumt habe.«
Lehrer Nervig: »Na und?«
Mats: »Es gab Verlängerung!«

»Wer weiß, was weiter entfernt ist: Amerika oder der Mond?«, fragt Lehrer Nervig.
Hannah meldet sich: »Amerika natürlich.«
»Wieso nicht der Mond?«
»Den kann ich sehen, Amerika nicht.«

»Ich kann schneller rechnen als unser Lehrer!«, prahlt Moritz.
»Dann sag mal schnell, was ergibt sieben mal sieben?«
»66«, sagt Moritz wie aus der Pistole geschossen.
»Aber das ist doch total falsch!«
»Ja schon, aber dafür auch total schnell!«

»Jetzt kommt eine schwierige Frage, Kinder. Wie entsteht Tau?«, will die Lehrerin wissen.
»Ist doch ganz einfach«, ruft Fritzchen.
»Die Erde dreht sich so schnell, dass sie dabei ins Schwitzen kommt.«

Der Lehrer fragt Fritzchen: »Weißt du, wie lange Fische leben?«
Fritzchen: »Wahrscheinlich genauso wie kurze.«

Der Lehrer fragt Fritzchen: »Was ist ein Katalog?«
Fritzchen: »Die Vergangenheitsform von ›ein Kater lügt‹.«

Der Lehrer fragt Susie: »Kannst du mir eine Stadt in Italien nennen?«
Anna: »Gerne, welche denn?«

Die Lehrerin fragt Karlo: »Wenn ich dir von fünf Äpfeln drei wegnehme, was macht das?«
»Das macht gar nichts, ich mag nämlich keine Äpfel.«

Fritzchen schläft im Unterricht ein.
Lehrer: »Ich glaube nicht, dass das hier der richtige Ort zum Schlafen ist.«
Fritzchen: »Es geht schon. Sie müssen nur etwas leiser sprechen.«

Louise kommt zu spät zur Schule. Auf dem Gang trifft sie den Direktor.
Der Direktor sieht sie streng an und sagt: »Zehn Minuten zu spät!«
Louise lässig: »Machen Sie sich nichts draus, Herr Direktor, ich auch.«

Amelie stürzt aufgeregt und abgehetzt zu spät in den Klassenraum.
»Bitte vielmals um Entschuldigung. Ich bin von grässlichen Räubern überfallen worden!«
Darauf die Lehrerin: »Wie schrecklich! Was ist dir denn geraubt worden?«
Amelie: »Ich hatte Riesenglück, nur die Hausaufgaben!«

Rupert brütet über seinem Aufsatz. Das Thema lautet »Wasser«. Endlich hat er einen Geistesblitz und schreibt: »Das Wasser ist für uns Menschen sehr wichtig. Wenn es kein Wasser gäbe, könnten wir nicht schwimmen lernen und müssten jämmerlich ertrinken.«

Die Mutter zu ihrem Sohn: »Deine Lehrerin hat sich wieder über dich beklagt!«
Darauf der Sohn: »Komisch, ich war doch heute gar nicht in der Schule!«

»Milla«, ermahnt die Lehrerin, »du schaust jetzt schon zum vierten Mal in Leonies Heft!«
»Dann bringen Sie ihr endlich bei, deutlicher zu schreiben!«

Lehrer Nervig erklärt: »Also, merkt euch das endlich: Hitze dehnt aus und Kälte zieht zusammen. Wer kann mir ein Beispiel geben? Ja, Noah?«
Noah: »Die Sommerferien dauern sechs Wochen, die Winterferien nur zwei.«

Es ist Kunstunterricht.
Lehrer Nervig: »So, Kinder, zeichnet bitte eine Wiese, auf der eine Kuh weidet.«
Lars gibt ein leeres Blatt ab.
Lehrer Nervig wundert sich: »Wo ist denn das Gras?«
Lars: »Das hat die Kuh gefressen.«
Lehrer Nervig: »Und wo, bitte schön, ist die Kuh?«
Lars: »Weg natürlich. Die bleibt doch nicht auf einer Wiese ohne Gras!«

»Unter einer Sage versteht man eine Erzählung, der eine wahre Begebenheit zugrunde liegt, die aber durch Fantasie ausgeschmückt wird«, erklärt Lehrer Nervig.
»Wer von euch kennt denn eine bekannte Sage?«
Rudi meldet sich: »Ich! Die Wettervorhersage!«

»Stellt euch vor«, sagt die Lehrerin, »der Mond ist so groß, dass Millionen Menschen darauf Platz hätten.«
»Was sollten die denn dann alle bei Halbmond machen?«, fragt Lena.

»Was malst du denn da Schönes, Karla?«, fragt die Lehrerin.
»Ein Pferd!«
»Und wo ist der Schweif?«
»Noch im Bleistift!«

Oma fragt Lotte: »Und, gehst du gerne zur Schule?«
Lotte: »Ja, ich gehe sehr gerne zur Schule und auch sehr gerne wieder zurück. Nur das dazwischen mag ich nicht.«

»Und, wo ist dein Zeugnis, Schatz?«, fragt die Mutter neugierig.
»Das habe ich Henry geliehen. Der will seine Eltern damit erschrecken.«

Melli kommt von der Schule nach Hause. Ihr Vater sagt: »Dein Lehrer hat gerade angerufen und gesagt, dass er sich Sorgen um deine Noten macht.«
Darauf Melli: »Ach, Papa, wie du doch immer so schön sagst: Was gehen uns die Sorgen anderer Leute an?«

»Ich gehe nicht in die Schule!«
»Doch, du gehst!«
»Nein! Die Schüler hassen mich, die Lehrer verachten mich und der Hausmeister ist auch nicht gut auf mich zu sprechen.«
»Jetzt reiß dich zusammen! Du bist schließlich der Direktor!«

Mal wieder Kunstunterricht bei Lehrer Nervig. Die Kinder sollen einen Engel malen.
»Aber Amy, dein Engel hat ja sechs Zehen!«, wundert sich der Lehrer.
»Na und? Haben Sie denn schon mal einen Engel mit fünf Zehen gesehen?«

Klara fragt: »Herr Nervig, ist der Stille Ozean eigentlich immer still?«
Lehrer Nervig: »Frag doch bitte mal was Vernünftiges, Klara!«
Klara: »O. k.: Woran ist eigentlich das Tote Meer gestorben?«

Im Erdkundeunterricht muss Rudi nach vorn an die Landkarte.
»So, Rudi. Zeig uns doch mal, wo Amerika liegt.«
Rudi zeigt auf Amerika.
»Sehr schön, Rudi. Und wer hat Amerika entdeckt?«
»Rudiii!«, schreit die ganze Klasse.

Die Lehrerin wartet mit der dritten Klasse auf einen Zug. Nach einer Stunde sagt sie: »Den nächsten Zug nehmen wir, egal ob da 1. oder 2. Klasse draufsteht.«

Die Lehrerin fragt: »Merle, was kannst du mir über das Tote Meer sagen?«
»Oh, wie schrecklich«, sagt Merle. »Ich wusste nicht mal, dass es krank war!«

»Leander, was weißt du von den alten Römern?«, fragt Lehrer Nervig.
»Sie sind leider alle tot«, antwortet Leander.

»Was hast du denn für komische Schuhe an?«, fragt Marie ihre Banknachbarin Inga. »Der eine ist braun und der andere lila.«
»Ja, seltsam, nicht wahr?«, antwortet Inga. »Und stell dir vor, zu Hause habe ich noch so ein Paar!«

Lasse und Enno fahren auf einem Fahrrad zur Schule, Lasse vorne und Enno hinten. Da schreit Enno nach vorn zu Lasse: »Lasse, dein Schutzblech scheppert!«
Schreit Lasse zurück: »Ich kann dich nicht verstehen, mein Schutzblech scheppert so laut!«

Tom kommt genervt aus der Schule.
»Wir hatten heute zwei Stunden Englisch!«, beschwert er sich.
»Tröste dich«, erwidert seine Mutter, »die Engländer haben das den ganzen Tag.«

Line kommt nach ihrem ersten Schultag nach Hause.
»Und, mein Schatz, wie war es? Ist alles gut gegangen?«, fragt ihre Mutter gespannt.
»Anscheinend nicht«, sagt Line. »Ich muss morgen noch mal hin.«

Lehrer Nervig fragt im Erdkundeunterricht: »Sofie, wie heißen die Einwohner von Madrid?«
Sofie: »Sie stellen immer Fragen. Wie soll ich das wissen – bei über fünf Millionen Einwohnern!«

Was ist der Unterschied zwischen einem Schüler und einem Teppich?
Der Schüler muss früh aufstehen und der Teppich kann liegen bleiben.

Lehrer Nervig rauft sich die Haare: »Kinder, das Einmaleins muss wie aus der Pistole geschossen kommen! Also, Franz, wie viel ist zwei mal drei?«
Franz antwortet: »Peng, peng, peng, peng, peng, peng!«

Deutschunterricht bei Lehrer Nervig.
»Hosen, was ist das? Einzahl oder Mehrzahl? Lara, was meinst du?«
Lara: »Schwer zu sagen, oben sind sie Einzahl und unten Mehrzahl.«

Zwei Deutschlehrer sitzen im Restaurant. Der Kellner fragt: »Haben Sie schon etwas in der Speisekarte gefunden?«
»Allerdings«, antwortet der eine Lehrer streng. »Sieben Rechtschreibfehler!«

Im Zimmer der Direktorin klingelt das Telefon. Sie nimmt ab.
»Ja, Schnabel?«
Stimme aus dem Hörer: »Vicky Sommer kann heute nicht zum Unterricht kommen. Sie hat Schnupfen.«
Frau Schnabel: »Wer ist dort bitte?«
Stimme: »Meine Mutter.«

Felix zu seinem Banknachbarn Bert: »Kennst du den Witz von der Frau, die eine Schere verschluckt hat, und der Mann sagt ›Macht nichts, dann kaufen wir eben eine neue.‹?«
Bert: »Ne, erzähl mal.«

Klasse 3 a soll einen Aufsatz schreiben.
Thema: Faulheit.
Louis gibt ein leeres Heft ab. Auf der letzten Seite steht: »Das ist Faulheit!«

»Miriam, du hast ja Tunnel mit zwei l geschrieben«, stellt Lehrer Nervig fest.
»Stimmt. Was soll ich da machen?«, fragt Miriam.
»Ganz einfach, streich eins weg!«
»Ja, aber welches?«

Sören steht wütend vor seiner Lehrerin.
»Ich finde auch nicht alles gut, was Sie machen – aber renne ich deswegen immer gleich zu Ihren Eltern?«

Klara stöhnt: »Mama, ich kann heute nicht zur Schule gehen. Ich fühle mich so schlecht.«
»Oh, wo denn, mein Kind?«
»In der Schule!«

Endlich Zeugnisse! Die Eltern sitzen gespannt wie ein Flitzebogen am Küchentisch und warten auf ihren Sohn. Endlich kommt er.
»Bleibt ruhig sitzen«, sagt er, »tu ich auch.«

Geschichtsunterricht im Museum.
Die Schüler betrachten eine griechische Heldenstatue mit Namen ›Der Sieger‹. Ihr fehlt ein Fuß, eine Hand und die Nase.
»Au Backe«, murmelt Lou, »wie sieht bloß ›Der Verlierer‹ aus?«

Lehrer Nervig fragt Mandy: »Mandy, ich schenk dir heute zwei Hamster und morgen noch drei dazu, wie viele Hamster hast du dann?«
»Dann habe ich sechs.«
»Nein, Mandy, falsch. Dann hast du fünf!«
»Nein, sechs!«
Lehrer Nervig rollt mit den Augen: »Wieso?«
»Ich hab schon einen Hamster!«

»Würden Sie mal den Hund streicheln?«, fragt Amanda ihren Mathelehrer.
»Gerne, du hast aber wirklich einen süßen Hund«, freut sich der Lehrer.
»Nun, das ist gar nicht meiner, ich wollte nur testen, ob er beißt.«

»Frau Lehrerin, mein Bleistift steckt total tief in meinem Ohr«, jammert Johan.
»Dann nimm bitte den Füller.«

Miranda und ihre Mutter treffen Mirandas Lehrerin auf der Straße.
»Wieso hast du sie denn nicht gegrüßt?«, schimpft die Mutter.
»Mensch, Mama, ich habe Ferien.«

Lehrer Nervig stellt im Deutschunterricht mal wieder eine tolle Frage: »Ich gehe, du gehst, ihr geht, sie gehen. Jasper, was bedeutet das?«
»Tja, klare Sache, alle sind weg!«

»Wenn ich drei Eier auf den Tisch lege und du legst noch drei dazu, wie viele Eier sind das dann zusammen?«, fragt die Lehrerin Nadine.
»Also, ich weiß ja nicht, was Sie für eine sind, ich lege jedenfalls keine Eier.«

Nach dem Sportunterricht fragt die Lehrerin genervt:
»Carlo, hast du deine Schuhe immer noch nicht an?«
»Doch, alle bis auf einen.«

Mascha beschwert sich bei ihrer Lehrerin: »Der Paul hat mir mein Butterbrot weggegessen!«
»Mit Absicht?«
»Nein, mit Käse!«

Können Lehrer eigentlich schwimmen?
Einerseits ja, schließlich sind sie hohl. Andererseits nein, weil sie nicht ganz dicht sind.

Die Lehrerin fragt: »Mario, wo sind deine Hausaufgaben?«
Mario: »Entführt!«
Lehrerin: »Mario, zum letzten Mal: Wo sind deine Hausaufgaben?«
Mario: »Ich habe aus ihnen einen Papierflieger gemacht, und der ist entführt worden!«

»Ich wünschte, ich hätte 500 Jahre früher gelebt!«, stöhnt Miranda.
»Warum das denn?«, fragt Robbi.
»Dann brauchte ich jetzt viel weniger Geschichte zu lernen.«

Lehrer Nervig: »Julia, nenn mir bitte drei Tiere.«
Julia: »Das Schweinchen, das Pferdchen, das Entchen.«
Lehrer Nervig: »Was soll denn diese Verniedlichung? Lass das ›chen‹ weg!«
Julia: »Das Kanin, das Frett, das Eichhörn!«

Der neue Lachkunde-Lehrer

Die Lehrerin fragt: »Olivia, nenne mir bitte fünf Tiere Afrikas.«
»Kein Problem«, entgegnet Olivia. »Zwei Giraffen und drei Löwen.«

Oskar fragt seine Biologielehrerin: »Was hat lange dünne Beine, große rote Augen, einen grünen Körper und lange Borstenhaare auf dem Rücken?«
»Keine Ahnung, sag du es mir.«
Oskar: »Ich weiß es auch nicht, aber es sitzt gerade auf Ihrer linken Schulter.«

Lehrer Nervig erklärt im Chemieunterricht: »Im Jahr 1771 hat der schwedische Chemiker Scheele den Sauerstoff entdeckt.«
Marlon fragt überrascht: »Und was haben die Menschen vorher geatmet?«

»Flora, nenn mir fünf Dinge, in denen Milch enthalten ist!«
Flora: »Butter, Käse und … drei Kühe.«

»Na, was hattest du denn heute alles in der Schule?«, fragt die Mutter Tim.
»Hunger, Durst und schlechte Laune!«

»Dein Zeugnis gefällt mir ganz und gar nicht, Dora.«
»Mir auch nicht, Papa. Aber ist es nicht schön, dass wir den gleichen Geschmack haben?«

Mathe bei Lehrer Nervig. Fröhlich klatscht er in die Hände.
»So, heute rechnen wir mal mit Computern!«
Die Klasse jubelt.
»Also, was ergibt 56 Computer minus 28 Computer?«

»Herr Nervig, kann man für etwas bestraft werden, das man gar nicht gemacht hat?«
»Natürlich nicht!«
»Super! Ich habe nämlich meine Hausaufgaben nicht gemacht!«

Das Fenster im Klassenraum steht offen. Die Lehrerin bittet Ida: »Mach bitte das Fenster zu, es ist kalt draußen.«
Ida schließt das Fenster und fragt dann: »Meinen Sie, dass es jetzt draußen wärmer wird?«

Lehrer Nervig runzelt die Brauen.
»Lutz, die Schrift deiner Hausaufgaben sieht aus wie die deiner Schwester!«
»Kann sein«, entgegnet Lutz, »schließlich habe ich mir ihren Füller ausgeliehen!«

Die Lehrerin fragt die Schüler am ersten Schultag nach ihren Namen.
»Ich heiße Hannes«, sagt der erste.
»Das heißt nicht Hannes, sondern Johannes«, berichtigt ihn die Lehrerin.
»Ich heiße Achim«, sagt der zweite.
»Das heißt nicht Achim, sondern Joachim«, sagt die Lehrerin genervt.
»Und wie heißt du?«, fragt sie den nächsten.
»Jokurt, Frau Lehrerin!«

Mathe bei Lehrer Nervig.
»Selma, wenn ich deiner Schwester zehn Gummibärchen gebe und sie dir davon die Hälfte abgeben soll, wie viele hat dann jede von euch?«
»Meine Schwester hat sechs und ich habe vier«, antwortet Selma.
»Das ist leider falsch. Kannst du denn nicht dividieren?«
»Ich schon, aber meine Schwester noch nicht!«

Madita duzt ständig ihre Lehrerin – bis dieser der Kragen platzt.
»Madita, es nützt nichts, du schreibst bis morgen 50-mal: Ich darf meine Lehrerin nicht duzen!«
Am nächsten Tag zeigt Madita stolz ihre Strafarbeit vor. Die Lehrerin ist verblüfft.
»Toll, du hast den Satz ja sogar 100-mal geschrieben! Warum?«
Madita strahlt: »Ich wollte dir eine Freude machen!«

Lehrer Nervig fragt: »Wie nennt man dieses Gerät?«
Sören meldet sich: »Das ist eine Woge.«
»Nein, Sören, das ist eine Waage. Was macht man damit?«
Sören: »Damit kann man Dinge abwaagen.«
»Es heißt ›abwiegen‹, Sören! Leg doch mal dein Schulbuch drauf.«
»Gut, jetzt habe ich das Buch abgewiegt.«
Lehrer Nervig verzweifelt: »Es heißt abgewogen!«
Sören: »Aha, also doch eine Woge!«

»Philipp, kannst du mir sagen, wie viele Erdteile es gibt?«, fragt Lehrer Nervig.
Philipp: »Sechs.«
Lehrer Nervig: »Genauer bitte.«
Philipp: »Eins, zwei, drei, vier, fünf, sechs.«

Die Lehrerin fragt die Klasse: »Wie heißt die Mehrzahl von Baum?«
Janna antwortet blitzschnell: »Wald!«

»Wer von euch weiß, was Abendrot ist?«, fragt Lehrer Nervig.
»So nennt man den roten Himmel am Abend«, antwortet Lutz.
»Sehr richtig, und was ist Morgengrauen?«
Wieder meldet sich Lutz. »Das ist das Gefühl gleich nach dem Aufstehen, wenn man in die Schule muss!«

Sofias Mutter verspricht: »Sofia, wenn du in der nächsten Mathearbeit eine Zwei oder eine Eins schreibst, darfst du dir etwas wünschen.«
Und wirklich, die nächste Mathearbeit ist eine glatte Zwei!
»Juhu!«, jubelt Sofia, »ich wünsch mir einen Computer!«
»Ausgeschlossen, viel zu teuer«, antwortet die Mutter.
Sofia überlegt und sagt dann: »Gut, dann möchte ich eben einen Tag lang Papa spielen.«
Damit ist die Mutter einverstanden. Sofia schmeißt sich Vaters Jacke über die Schulter und sagt: »Auf geht's, Schatzi! Wir fahren in die Stadt und kaufen Sofia einen Computer!«

Lehrer Nervig erklärt der Klasse: »Man sagt niemals ›er tut singen‹, sondern ›er singt‹. Genauso ist das bei allen anderen Verben. Also merkt euch: ›tut‹ sagt man nicht.«
Darauf meldet sich Claas und sagt: »Herr Nervig, mein Bauch weht!«

»Was ergibt 2:2?«
Keiner meldet sich.
Schließlich hebt Jule die Hand und sagt:
»Unentschieden!«

Kurt in der Mathestunde.
»Herr Nervig, jetzt habe ich die Aufgabe schon achtmal kontrolliert.«
»Sehr schön, Kurt«, lobt Lehrer Nervig. »Was hast du denn herausgefunden?«
»Wollen Sie alle acht Ergebnisse hören?«

Die Lehrerin fragt: »Welche vier Wörter werden in der Schule am häufigsten gebraucht?«
Sören: »Das weiß ich nicht.«
Lehrerin: »Richtig.«

»In fünf Milliarden Jahren wird die Erde völlig vereist und unbewohnbar sein!«
»Was? Wann?«, schreit Lola entsetzt.
»In fünf Milliarden Jahren!«
»Puh, Glück gehabt! Ich habe ›in fünf Millionen Jahren‹ verstanden!«

dtv junior

Chaos-Comics von LUIS

ISBN 978-3-423-**71525**-6   ISBN 978-3-423-**71552**-2

Locker bleiben?! Gar nicht so einfach, wenn
Pfannkuchengesicht Detlef und Monsterbacke
Ritschie wieder eine Attacke auf Luis starten:
Aber am Ende wird die Coolness siegen!

www.dtv-kinderbuch.de

dtv junior

Spannendes Futter
für **Rätselfans**

ISBN 978-3-423-**71302**-3

Ein spannender Krimi, gespickt mit
Rätseln aller Art: Suchbilder, Rebusse,
Anagramme, Geheimschriften, Sudokus
und vieles mehr.

www.dtv-kinderbuch.de